KB169593

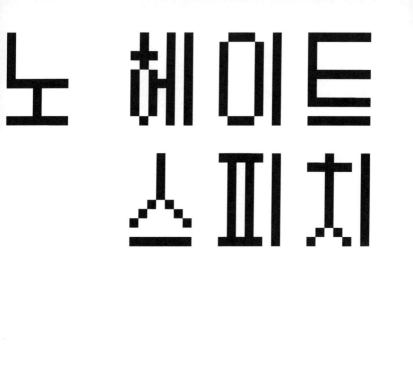

ヘイト・スピーチに抗する人びと

神原元 著

© 2014 神原元

이 책의 한국어판 저작권은 新日本出版社와 독점 계약한 나름북스에 있습니다.
저작권법에 의해 한국 내에서 보호를 받는 저작물이므로 무단전재와 복제를 금합니다.

노 헤이트 스피치
차별과 혐오를 향해 날리는 카운터펀치

2016년 8월 22일 초판 1쇄 발행

지은이
간바라 하지메
옮긴이
홍상현
펴낸이
임두혁
편집
최인희 김삼권 조정민
디자인
제로랩
인쇄
(주)미광원색사
종이
한서지업(주)

펴낸곳 나름북스
등록 2010. 3. 16 제2010-000009호
주소 서울 마포구 동교로 18길 31(서교동) 302호
전화 02-6083-8395
팩스 02-323-8395
이메일 narumbooks@gmail.com
홈페이지 www.narumbooks.com

ISBN 979-11-86036-23-5 03300

이 도서의 국립중앙도서관 출판예정도서목록(CIP)은
서지정보유통지원시스템 홈페이지(http://seoji.nl.go.kr)와
국가자료공동목록시스템(http://www.nl.go.kr/kolisnet)에서 이용하실 수 있습니다.
(CIP제어번호: CIP2016017789)

노 헤이트 스피치

차별과 혐오를
향해 날리는
카운터펀치

간바라 하지메 지음
홍상현 옮김

한국어판 발행에 부쳐

《노 헤이트 스피치》가 한국에서 출판된다는 소식을 듣고 너무나 기뻤습니다.

    책에 등장하는 '카운터' 시민 모두가 무엇보다 한국과 일본의 우호를 바라며 행동하고 있는데, 이런 생각을 한국의 친구 여러분께 알릴 수 있기 때문입니다. 한국과 일본 시민들의 생각을 하나로 묶는 데 있어 이 책이 한·일 양국의 우호를 위한 가교로서 일익을 담당할 수 있다면 저로서는 더없이 행복할 것입니다.

일본에서는 2000년대 초 '한류 붐'이 일어나 한국 TV 드라마와 케이팝이 세대를 초월해 크게 유행했습니다. 그 계기가 된 것은 〈겨울연가〉(윤석호 감독, 2002년)였습니다. 2004년 〈겨울연가〉가 일본에서 방영되자 일본 여성들이 한국 스타들에게 매료되었고, 거리 곳곳에서 한국 배우들의 포스터를 볼 수 있게 되었습니다. 그런데 2010년도에 들어서면서 영토를 둘러싼 한국과 일본의 갈등이 심화되고, 2012년 연말 일본에 극우파인 아베 정권이 들어서면서 한류 붐에 그늘이 드리우기 시작했습니다.

아베 신조는 일본인의 국수주의를 부추기고, 일본군 위안부 문제와 관련한 일본 정부의 죄를 부정하는가 하면, 야스쿠니 신사의 전범들을 '영령'이라며 섬기는 극우 정치인입니다. 그렇게 아베 정권은 아시아의 긴장을 고조시키고 한일 관계를 악화시켰습니다.

아베 신조가 총리가 된 데 힘입어 활성화된 것이 책에서 소개한 '재특회'(재일한국인의 특권을 허용하지 않는 시민 모임)의 헤이트 스피치입니다. 아베가 정권을 장악하자 재특회는 한류 붐으로 번영을 이룬 신주쿠의 신오쿠보를 습격, 이 거리에서 "조선인을 죽여라"라고 외치는 집회를 벌였습니다. 헤이트 스피치는 일본에 사는 재일코리안에 대한 공격인 동시에 한류에 대한, 그리고 한일 우호에 대한 공격이었습니다.

재특회에 처음 항의의 목소리를 낸 것은 한류음악을 사랑하는 이른바 '케이팝 팬'이라 불리는 젊은이들이었습니다. 그리고 이 책에서 소개한 카운터의 젊은이들이 그 뒤를 이었습니다.

이 책에서 저는 한국을 사랑하는 일본의 젊은이들과 일본 국수주의자들과의 싸움을 다뤘습니다. 카운터 운동의 계기가 된 것은 2000년대에 유행한 '한류 붐'입니다. 일본 사회에 한국의 문화를 사랑하고 한국과의 우호를 바라는 많은 젊은이들이 있었기에 카운터가 재특회에 승리할 수 있었다고 저는 생각합니다.

본문에서도 다루었지만, 헤이트 스피치와의 싸움은 법률·정치적인 문제인 동시에 문화의 문제입니다. 문화의 면에서 인종주의자들에게 승리하지 못하는 한 헤이트 스피치는 근절될 수 없습니다. 그런 의미에서 한국과 일본이 더욱 더 문화적으로 교류함으로써 한국문화를 사랑하는 일본인이 늘어나는 것은 헤이트 스피치 근절을 위해서도 중요할 것입니다.

이 책이 일본에서 출판될 무렵, 저는 어떤 재판을 준비하고 있었습니다. 1991년 일본군 위안부로서는 처음으로 일본 정부에 목소리를 내신 김학순 할머니. 그 김학순 할머니의 이야기를 처음 신문에 보도한 것이 전 〈아사히신문〉 기자 우에무라 다카시植村隆 씨였는데, 그가 우익을 상대로 소송을 제기했기 때문입니다. 우에무라 씨는 과거 서울 특파원으로 한국의 민주화 과정을 일본에 소개한 경험도 있는, 한국을 무척이나 사랑하는 분입니다(참고로 우에무라 씨의 부인은 한국 분이십니다). 그러나 아베 정권하에서 백래시Backlash가 일어나는 가운데 일본의 우익은 2014년 2월 무렵부터 우에무라 씨에 대해 '조작 기자' 운운하며 치열한 공세를 퍼부었습니다. 그런 까닭에 우에무라 씨는 결국 우익을 고소할 수밖에 없었던 것입니다. 저는 기꺼이 우에무라 씨의 법정대리인이 되어 2015년 1월 소송을 제기했습니다. 하지만 재판이 이미 시작된 후에도 일본 우익들은 우에무라 씨의 가족은 물론 우에무라 씨가 근무하던 삿포로의 호쿠세이가쿠엔北星学園대학에까지 마수를 뻗쳤습니다.

이렇듯 곤경에 빠져 있던 우에무라 씨를 구해 낸 것은 한국 분들이었습니다. 한국의 가톨릭대학이 우에무라 씨를 초빙교수로 불러 준 것입니다. 우에무라 씨는 가족과 일터에서의 안전에 대해 고민하던 끝에 2016년 3월 일본을 떠나 가톨릭대학에서 교편을 잡게 되었습니다.

당시 가톨릭대학 총장님께서는 우에무라 씨에게 다음과 같이 말씀하셨다고 합니다.

"당신을 맞아들이는 것은 한국을 위해서나 일본을 위해서가 아닙니다. 아시아의 평화를 위해서입니다."

저는 총장님의 이 말씀에 깊이 감동했습니다. 그러면서 '다른 국적에 다른 정부를 가지고, 때로는 영토 문제나 역사 문제 등을 둘러싸고 갈등할망정, 시민들끼리의 우정은 깨지지 않는구나. 시민과 시민이 국경을 넘어 문화적으로 교류하고, 정부의 악정惡政하에서도 서로 도우며 국수주의와 싸워나간다면 언젠가 아시아, 그리고 세계의 평화도 실현될 수 있지 않을까' 하고 생각했습니다.

일본에서 이 책이 출간되고 난 후인 2016년 5월, 일본 정부는 '헤이트 스피치 해소법'(일본 외 출신자에 대한 부당한 차별적 언동의 해소를 향한 대응 추진에 관한 법률)을 성립시켰습니다. 이 법은 벌칙이 따로 정해져 있지 않은 무척 온화한 것이었지만, 카운터는 이 법을 방패 삼아 그해 6월 마침내 차별 시위를 중지시키는 성과를 올렸습니다. 하지만 인종주의자들은 이내 반격에 나섰고, 싸움은 지금까지도 계속되고 있습니다.

카운터 시민들은 아베 정권의 극우적인 정책에도 맞서 싸우고 있습니다. 언젠가 아베 신조 식의 극우 정치가 종식되고 일본의 인종주의자들이 박멸되어, 부디 이 소식을 한국의 친구들에게 전할 수 있는 날이 오기를 꿈꿉니다.

이 책이 한국의 친구 여러분께 전해질 수 있도록 노력해 주신 모든 분께 감사 말씀 올립니다. 아울러, 지금 이 순간 이 책을 읽고 계신 한국의 친구 여러분께도 감사드립니다. 이 책이 한일 우호에 일조할 수 있기를 진심으로 바라마지 않습니다.

머리말

헤이트 스피치[Hate Speech]가 사회 문제가 되고 있다. 헤이트 스피치란 인종과 민족, 성적 지향 등을 기준으로 개인이나 집단에 대한 증오·차별을 부추기는 언동을 말한다.

　　이런 헤이트 스피치가 과연 어떤 것이고, 원인이 무엇이며, 이를 사회로부터 박멸하려면 어떻게 해야 할까. 이 책은 바로 이러한 문제를 다룬다. 1장에서는 2013년 도쿄 신주쿠 구 신오쿠보[新大久保] 역 주변에서 있었던 재특회[在特会]('재일 한국인의 특권을 허용하지 않는 시민 모임')의 헤이트 스피치 시위와 이에 대한 반대 운동(카운터 운동)이 묘사된다. 나는 2013년 2월부터 재특회에 대한 카운터 운동에 참가해 왔다. 이 장은 그런 내 개인적 체험에 근거한 현장 보고가 될 것이다.

　　2장에서는 헤이트 스피치가 무엇인지 다시 한 번 밝히고 헤이트 스피치가 사회에 만연하게 된 과정을 묘사하는 한편, 그 책임 소재를 규명하려 한다.

　　3장에서는 헤이트 스피치를 과연 법으로 규제할 수 있을지에 대해 다룰 것이다. 물론 이 책은 헤이트 스피치에 대해 법적 규제가 필요하다는 입장에서 논의를 전개하고 있지만, 그러한 법적 규제의 한계 또한 지적하려 한다.

4장에서는 자민당에 의해 시작된 법적 규제 논의의 '위험성'을 지적하는 한편, 이와 관련해 우리가 취할 태도에 대해 논의해 볼 것이다.

5장에서는 가령 헤이트 스피치를 법으로 규제한다 하더라도 카운터 운동의 필요성은 사라지지 않는다는 점을 이야기하면서, 인터뷰와 더불어 카운터 운동의 원리를 다시 한번 소개하고자 한다.

마지막으로 6장에서는 결론과 전망을 이야기할 것이다.

목차

한국어판 발행에 부쳐   004

머리말   010

1장 2013년, 신오쿠보에서   017

1   만남   019

2   헤이트 스피치   024

3   시바키 부대   029

4   카운터   032

5   여론의 변화, 당황하는 재특회, 그리고 '도쿄 대행진'   040

6   '카운터 운동'은 무엇이었나   044

7   카운터 운동의 성과   051

2장 헤이트 스피치의 심층에는 무엇이 있나   053

1   헤이트 스피치의 본질   055

    헤이트 스피치의 정의

    헤이트 스피치는 '언론'인가?   058

2   인터넷과 헤이트 스피치   064

    넷우익과 헤이트 스피치

    넷우익은 누구인가   067

    넷우익과 '반한', '혐한'   069

3   사회에 만연한 '혐한'과 헤이트 스피치   073

4   헤이트 스피치가 만연하게 된 이유   077

    사회불안과 헤이트 스피치?

    정치가의 발언과 헤이트 스피치   079

    정부의 차별 정책과 반복되는 헤이트 스피치   083

조선학교에 대한 차별 정책과 헤이트 스피치   087

아베 정권의 성격   089

5   정리   093

3장 헤이트 스피치는 법으로 규제될 수 있을까?   095

1   문제의 소재와 논점의 정리   097

2   국제인권협약   100

3   외국의 입법 사례   105

독일

영국   108

프랑스   109

캐나다   110

4   미국의 특수성과 보편성   113

미국에서의 인종차별 철폐 노력

헤이트 스피치 규제를 위헌으로 규정한 판례의 등장   115

미국에는 왜 헤이트 스피치 규제가 없을까?   117

정리   120

5   헤이트 스피치 규제는 헌법에 반하는가?   122

리버럴 원칙이란 무엇인가?

자기의 민족적 정체성을 지켜 갈 권리   126

헤이트 스피치는 민족적 정체성을 지켜 갈 권리를 침해한다   128

헤이트 스피치 규제는 헌법 위반이 아니다   130

6   헤이트 스피치를 어떻게 규제할 것인가?   132

차별금지기본법의 제정

위법으로 규정해야 할 헤이트 스피치의 범위   133

형사 규제는 최후의 수단이어야 한다   134

7   법적 규제는 얼마나 효과가 있을까?   136

8   정리   140

4장 헤이트 스피치를 둘러싼 최근 정세와 우리가 취해야 할 태도   143

1   UN 인종차별철폐위원회의 권고   145

2   법적 규제에 나선 자민당   147

3   규제 움직임에 내포된 위험성   150

   본질 호도와 왜곡의 위험성

   헌법 질서 파괴의 위험성   152

   경찰 · 행정 권한 남용의 위험성   154

4   헤이트 스피치 규제 논의에 대해 우리가 취해야 할 태도   158

   대안의 제시, 원칙에 입각한 대응

   정부 정책의 전환 요구   160

5   9·11 이후의 미국에서 배운다   163

6   정리   165

5장 최후의 해법은 시민의 힘   167

1   법적 규제만 있다면 '카운터'는 필요 없어질까?   169

2   기대되는 카운터 활동   172

   '도쿄 대행진'과 '친하게 지내요 퍼레이드'

   출판과 홈페이지를 활용한 계몽 활동   173

   헤이트 스피치와 배외주의에 가담하지 않는 출판 관계자의 모임   174

   축구를 통한 계몽 활동   176

3   시민들의 횡적 연대   177

4 카운터 활동가 인터뷰   178

　　노마 야스미치 씨 – '시바키 부대' 창설자

　　기노 토시키 씨 – '플래카드 부대' 발기인   193

　　야마시타 아유무 씨 – '차별 반대 여성조' 대표   197

　　세이 요시아키 씨 – 스포츠 저널리스트   203

6장 '양심의 고리'에 미래를 걸며   215

1 사람들의 양심에 의존하기   217

2 만델라에게 배운다   220

3 헤이트 스피치 문제에 대응하는 것의 의미   223

4 정리와 결론   225

맺음말   229

옮긴이의 말   233

1 만남

2013년 2월 9일, 야마노테山手선 신오쿠보 역에서 전차를 내렸다.

달라져 있었다.

근처에서 대학을 다닌 나는 이 지역을 잘 알고 있다. 가까운 곳에 사법시험 학원도 있었고, 대학 졸업 후 그 학원의 '답안 연습회答案練習会'에 다니느라 신오쿠보 역을 자주 이용했다. 당시만 하더라도 이곳은 환경이 그리 좋다고 할 수 없는 곳이어서 밤길을 걷다 보면 이른바 '날품팔이'라 불리던 매매춘 종사자들이 나타나 말을 걸어오기도 했다.

하지만 지금은 완전히 젊은이들의 거리가 된 듯하다. '한류 스타'로 상징되는 곳. 신나는 얼굴로 개찰구를 빠져나와 삼삼오오 거리로 향하는 젊은 여성들의 물결. 역을 나오면 바로 앞에서 가게 전단을 나눠 주고 있는 사나이들, 왠지 한국에서 왔을 것 같은 인상이다.

오쿠보도리大久保通り에는 한류상점, 한국음식점과 한국화장품점, 그리고 한류스타 브로마이드 등을 파는 가게들이 줄지어 있다. 일본 유수의 한류타운이자 젊은이들의 명소다.

"늦었습니다."

조금 시간이 지나자 작은 키에 니트 모자를 눌러쓴 중년 남성이 나타났다.

노마 야스미치野間易通 씨.

후쿠시마 원전 사고 이후 수만 명이 원전 정책에 항의하기 위해 매주 금요일 총리관저 앞에 모여들었다. 이들을 이끈 것은 그와 미사오 레드울프Misao Redwolf 씨가 주축인 '수도권 반反원전 연합'이다. 그는 이를테면 '3·11 이후 등장한 새로운 시민운동'의 리더이다.

"그럼, 갈까요?"

빙긋 웃는 노마 씨, 고르지 않은 치열이 드러난다. 그냥 '사람 좋은 아저씨' 정도로밖에 보이지 않는 이 인물의 어디에 그런 힘이 숨겨져 있는 걸까.

그와 함께 신오쿠보 역에서 나와 오른편 굴다리를 지나, 신오쿠보도리新大久保通り에서 철로변으로 나 있는 좁은 길을 따라 쇼쿠안도리職安通り 쪽으로 걸었다.

그 주변도 달라져 있었다. 오래전 이곳은 러브호텔 밀집 지역이었다. 하지만 지금은 한국음식점과 한류상점이 꽉 들어차 있다.

"그런데요, 그 '시바쿠しばく'란 건 무슨 의미로 쓰인 겁니까?"

가나가와 현 쇼난 지방에서 자란 내게 노마 씨가 지었다는 '시바키 부대'라는 명칭은 다소 생소했다.

"뭐, 가느다란 끈 같은 걸로 때린다고 할까. 그런 의미예요."

노마 씨가 얼버무렸다. 자신이 트위터에 올린 글을 읽

---

1   '시바키しばき 부대'에 쓰인 '시바키'의 원형. '방망이로 세게 때리다(치다), 폭력을 휘두르다' 등의 의미가 있다. ─옮긴이

고 곧장 현장으로 달려온 정체불명의 변호사가 못 미더워서였을까. 나는 웃으며 고개를 끄덕였다. 우리가 나눈 대화는 대략 그 정도였던 것 같다.

발단은 트위터였다. 노마 씨는 2013년 1월 "재특회가 신오쿠보에서 시위를 한다. 항의하러 가자"는 취지의 트윗을 올렸다. 동시에 그는 자신의 블로그를 통해 '시바키 부대' 결성을 호소했다. 시바키 부대는 '레이시스트Racist(인종차별주의자)를 치려는' 목적을 가지고 있으며, 이에 따라 구체적으로는 재특회가 코리아타운에서 진행한 이른바 '산보'를 제지하려 했다.

'재특회'의 정식 명칭은 '재일 한국인의 특권을 허용하지 않는 시민 모임[2]'. 일본 국내에 거주하는 재일 한국·조선인(이하 '재일코리안')의 '재일 특권'에 반대한다는 주장 등을 내세우며 주변 단체들과 '행동하는 보수'라 불리는 그룹을 형성해 급성장했다.

이후 얼마 되지 않아 재특회 등 이른바 '행동하는 보수' 그룹은 수도권 굴지의 코리아타운인 신오쿠보에서 활동을 개시했다. 2012년 8월, 신오쿠보의 한국식당가인 '이케멘도리イケメン通り'에 사쿠라이 마코토와 그 동료들이 출몰해 "조선인을 몰살시켜라", "일본인이라면 조선인 가게에서 물건을 사지 말라"고 외치며 영업을 방해했고, 이때의 상황이 인터넷 동영상으로 남겨졌다. 이것이 그들이 이야기하는 소위 '산보'다.

오래전부터 카운터 활동을 해 온 노마 씨는 재특회를

---

2   회장은 사쿠라이 마코토桜井誠, '다카다高田'라는 성으로도 쓴다.

'레이시스트'라 부르며 그들의 발언을 '헤이트 스피치'로 규정했다. 이 규정은 올바르다. 단어란 중요하다. 올바르게 선택된 단어는 사람들로 하여금 눈앞의 '사상事象'을 제대로 이해할 수 있게 해 준다. '헤이트 스피치'라는 단어가 바로 그랬다.

재특회에 의해 신오쿠보에서 벌어진 본격적인 시위는 그 이듬해인 2013년 1월 12일의 '한류에 결정타를! 반일무죄反日無罪의 한국을 때려 부수는 국민대행진 in 신오쿠보' 시위가 최초다. "조선인을 쫓아내라", "목 졸라 죽이자"고 외치며 행진하는 시위대. 한편 트위터상에서는 케이팝K-Pop 팬인 여고생들을 상대로 비난이 쏟아졌다.

이 재특회 시위가 2월 9일 다시 한 번 신오쿠보에서 열리기로 예정되어 있었던 것이다. 이름하여 '후레이센진不逞鮮人[3] 추방! 한류박멸 데모 in 신오쿠보'. '후레이센진'이라는 가히 경악할 만한 제국주의 시대의 단어를 아무렇지 않게 사용한다는 점이야말로 그들의 새로운 특징이었다.

하지만 노마 씨는 진중한 사나이였다. 일단 시위는 내버려 둔다.[4] 오래전부터 카운터 활동을 계속해 온 그는 합법적인 시위를 항의로 중단시키는 일이 불가능하다는 점을 알고 있었다. 따라서 시위 자체가 아니라 그 이후에 벌어지는 비합법적인 '산보'를 저지하는 데 초점을 맞춘다. 이를 위해 결성된 것이 '시바키 부대'였다.

비교적 늦게 카운터 활동에 가담한 사람의 경우, 시위대를 포위하고 가운뎃손가락을 들어 보이며 항의하는 사람이

---

[3] 과거 제국주의 시절 주로 독립운동을 하던 한국인들에게 제국주의자들이 사용하던 경멸의 호칭. '차별 용어'라는 이유로 현재 일본사회에서는 일종의 '금기어(Taboo Word)'로 취급된다. – 옮긴이

[4] 그는 이에 대해 "스루Throw한다"는 표현을 썼다.

'시바키 부대'라고 생각하는 경우도 있지만, 실은 그렇지 않다. 시바키 부대는 본래 갑자기 나타나 적에게 통격襲擊을 가하고 재빨리 몸을 숨기는 일종의 '게릴라 부대'이기 때문이다.

쇼쿠안도리에 있는 돈키호테[5] 신주쿠점 옆길로 들어가면 오쿠보도리와 쇼쿠안도리를 남북으로 잇는 좁은 길이 있다. 길 양쪽으로 한국요리점과 한국화장품점, 그리고 한류스타 관련 상품을 파는 가게들이 늘어선 이곳이 오늘의 '결전장'으로 예고된 '이케멘도리'다. 이곳도 예전에는 러브호텔 거리였다. 나와 노마 씨는 이케멘도리를 함께 돌아다녔다. 그의 관심은 재특회가 이곳에 들이닥치는 것을 막는 일이 법률에 저촉되는지의 여부였다.

"경범죄에 해당될까요?"

"형법에 통행방해죄라는 게 있어요."

이런 이야기를 하며 나는 화려한 거리의 분위기를 즐겼다. 가게의 점원들 중엔 한국에서 온 사람이 많은 듯하다. 이곳에선 말하지 않아도 국경을 뛰어넘어 사람과 사람의 따뜻한 교류가 이루어진다.

---

5   24시간 영업하는 일본의 잡화 할인 매장. – 옮긴이

2   헤이트 스피치

2월 9일 오후 2시. 재특회 시위대가 오쿠보 공원을 출발했다. 아직 행렬이 모습을 드러내지 않았는데도 거리에는 옛 군가풍의 음악이 흐르기 시작한다. 우익들이 거리 선전차에서 틀곤 하는 군함행진곡처럼 사람들을 선동하는 음악과 함께 이윽고 경찰의 인도에 따라 그들이 등장했다. 시위대는 쇼쿠안도리의 횡단보도를 건너면서 완전히 모습을 드러냈다. 나는 그 모습을 돈키호테 신주쿠점 앞에서 바라보았는데, 그때의 충격을 지금도 잊을 수 없다.

30대가 많아 보이지만 젊은이들과 노인들도 끼어 있었다. 손에 일장기나 군함기, 혹은 플래카드나 확성기 등을 들고 있는데, 그 수가 약 100명 정도였다.

시위대가 거리를 지나는 사람들에게 들어 보인 플래카드에는 다음과 같은 문구가 쓰여 있었다.

"착한 한국인 나쁜 한국인 같은 건 없다, 다 죽여 버려!"

"조선인, 목매달아라, 독 먹어라, 투신하라."

"조선인을 없애는 일은 해충 구제와 같다."

"한류를 멈춰라!"

쇼쿠안도리를 건너서자 시위대는 늘어선 한류상점들을 향해 일제히 확성기를 겨누었다.

"죽여라, 죽여, 조선인!"

"죽여라, 죽여, 조선인!"

"죽여라, 죽여, 조선인!"

거리는 얼어붙고 사람들도 어안이 벙벙해져 말을 잃었다. 나는 가까이 있던 경관에게 항의했다.

"이거, 영업 방해 아닙니까? 당장 중지시키세요!"

경관은 무표정한 얼굴로 이렇게 대답했다.

"허가를 받았기 때문에 불법 집회가 아닙니다. 방해하시면 안돼요."

허가를 받았으니 합법. 이것이 경찰의 논리였다. 나는 눈앞에서 벌어지고 있는 일을 믿을 수 없었다.

재특회 시위대는 쇼쿠안도리를 지나 메이지도리에 들어오면서 왼쪽으로 방향을 틀더니 이번에는 오쿠보도리가 보이는 서편으로 향했다. 이곳은 한류의 중심 거리였다.

"이 XX들!", "이 XX들!". 시위대가 소리를 지르며 시위의 강도를 높였다. 한국음식점을 향해 "뭐야, 이 재수 없는 가게는!", "곱창구이 좋아하네, 웃기지 마!", "촌스러워!", "부탁이니까 뒈져 줄래!" 등의 폭언도 퍼붓는다. "착한 한국인도, 나쁜 한국인도 다 죽여라"라고 쓴 플래카드를 내보이는 시위대.

나는 이케멘도리에서 오쿠보도리까지 달렸다. 숨이 차고 속이 메슥거린다. 그리고 노란색 파친코점 앞에서 다시 그들을 바라보았다.

시위대는 점점 더 목청을 높였다.

"바퀴벌레 조선인을 몰아내자!"

선두 차량에서 마이크를 잡은 자칭 '신취황국회神鷲皇國會의 S'라는 자가 오사카 방언으로 연호했다.

"불만 있으면 말해 보라고!", "이 겁쟁이 새끼들아!"

"한류아줌마 퍽, 퍽, 퍽! 더는 못 봐주겠다! 퍽, 퍽 퍽!"

"한류아줌마를 일본에서 몰아내자!"

"바퀴벌레 조선인을 일본에서 몰아내자!"

"바퀴벌레, 송충이, 기생충, 살 가치가 없는 조선인을 일본에서 몰아내자!"

"뭐 이렇게 더러운 동네가 다 있냐!"

"'한국문화의 거리' 좋아하네! 병신들! 아무것도 사먹고 싶지 않아!"

S의 절규가 거리에 울리고 주변의 사내들이 맞장구를 쳤다. 행인들은 그 광경을 넋 놓고 바라볼 수밖에 없었다. 한 손에 군함기를 든 남성이 행인들 쪽으로 확성기를 가져다 대고 "반도로 돌아가면 되잖아!"라고 소리치자 다른 남성이 쇼핑을 하던 사람들에게 "절반은 성형한 얼굴 가지고 일본인들을 속이지 마!"라면서 악을 썼다.

대관절 이게 무슨 일일까. 머릿속이 새하얘졌다. '말도 안돼'라는 생각이 들었지만 내가 할 수 있는 일이란 아무것도 없었다.

"더러운 상판대기에 분칠은 해 가지고, 병신들이!", "근성 있는 조선인이라면 한번 덤벼 봐!", "다들 알고 있나? 오사카 쓰루하시鶴橋에선 조선인들이 밤마다 고등학생들을 강간한다고!"

S가 다시 외친다. 하지만 경찰관은 그런 그를 오히려 지켜 주고 있다. 그야말로 합법적인 인권침해였다.

시위대가 이케멘도리 입구에 당도했다. 이번에는 거리를 지나는 여성들에게 일제히 확성기를 들이댄다.

"조선인 꺼져라!", "몰아내자!", "바퀴벌레!", "일본의 풍기를 어지럽히는 조선인들!", "미친 거 아냐?"

시위대는 여성들에게도 여지없이 폭언을 퍼부었다.

드르륵. 가게들이 하나둘씩 셔터를 내리기 시작했다.

사쿠라이 마코토의 기세등등한 목소리가 사방에 울렸다.

"거기, 조선인을 사랑하는 못생긴 누님들, 한번 덤벼 보시지!"

"아줌마, 당신 말이야, 조선인한테 몸이나 팔아서 어쩌자는 거야!"

"아무리 일본 남자들이 상대를 안 해준대도 그렇지 쪽 팔리지 않나?"

"조선족을 몰아내자!"

"조선 여편네를 제물로 삼아라!"

신오쿠보역 인근에서 시위대의 행렬이 흩어졌다. 저항하기 위해 홀몸으로 시위대를 향해 뛰어든 여성이 있었던 모양이다.

"지금 배짱 좋은 조선 여자가 달려들었네. 남자들, 뭐 하는 거야?!"

사쿠라이 마코토의 앙칼진 목소리.

시위대가 사라지고 악몽이 끝났다. 사람들은 아무 일 도 없던 것처럼 물건을 사기 시작한다.

하지만 어느새 새카맣게 되어 버린 내 가슴, 가스 같 은 것이 속을 가득 채우고 있는 느낌이다.

그것은 '분노'였다.

바로 눈앞에서 벌어진 부조리한 인권침해에 대한 분노.

그 인권침해 단체를 보호하며 같이 걷기만 했던 경찰 에 대한 분노.

그리고 아무것도 하지 못한 자신에 대한 분노였다.

3 시바키 부대

"간바라 씨, 어디 있어요?"

노마 씨가 전화를 걸어 독특한 간사이 사투리로 물었다. '카운터' 활동을 한 지 오래인 그에게 재특회 시위 따위는 놀랄 일도 아니었겠지.

시위대는 일단 가시와기柏木 공원에서 해산한 후 이케멘도리 기습 시위를 위해 동쪽으로 향했다. 어느 쪽에서 나타날까. 시바키 부대는 적의 대군大軍을 기다리는 게릴라 부대처럼 거리 이곳저곳에 몸을 숨기고 움직임을 감시했다.

4시가 넘어 재특회 멤버 약 20명이 이케멘도리에 가기 위해 군함기와 (우스꽝스럽게 만든) 인공기를 손에 들고 쇼쿠안도리 동쪽으로 향했다. 소위 '산보'라 부르는 분탕질을 치려는 것이다.

그들이 고가를 빠져나와 신주쿠 직업안정소가 보이는 곳까지 당도했다. 거의 비슷한 숫자의 시바키 부대 대원들이 앞을 가로막는다. 노마 씨가 빈틈없이 배치해 둔 게릴라 부대였다. 시바키 부대가 재특회 앞을 가로막고 욕설을 퍼부었다. 사방에서 승강이가 시작되었다. 노마 씨도 뛰어와 철책을 기어오른다. 나도 조금 늦게 현장으로 달려가 재특회를 가로막았다.

"시위 끝났잖아! 얼른 해산하라고!"

시바키 부대 대원들은 앞서 이야기했듯 트위터에서 노마 씨의 호소를 보고 모여든 사람들이다. '관저 앞 금요집회'에 참가하는 사람도 있다. 진보적인 사람, 보수적인 사람 등 사상적 스펙트럼도 다양하지만 '인종주의자가 싫다'는 공감대로 모였다.

경찰이 끼어들어 양쪽을 떼어놓으려 한다.

"경찰 아저씨, 쟤들 좀 해산시켜요."

"맞아, 불법 아냐? 시위 끝난 지가 언젠데."

시바키 부대가 수군거리는 가운데 경찰이 폴리스라인을 치며 사람들을 나눈다.

"신주쿠 경찰서에서 나왔습니다. 여기는 사람들이 다니는 길이예요. 비키십쇼."

경찰대가 재특회 쪽에 해산을 명령하자 사람들이 사방으로 흩어졌다.

"어이, 재특회! 부끄러운 줄 알아!"

아, 후련하다. 가까스로 한마디 쏘아붙여 주었다. 가슴속을 꽉 메웠던 가스가 겨우 빠져나가고 있었다.

시바키 부대가 재특회를 쳐부수는 영상은 인터넷으로 확산되며 반인종주의 운동의 기폭제가 되었다. 시바키 부대의 모습을 보고 용기를 얻은 사람들이 스스로의 힘으로 인종주의를 쳐부술 수 있음을 자각한 것이다.

사실 2월 9일의 이 사건은 시바키 부대가 계획적으로 등장한 처음이자 마지막 미션이었다. 시바키 부대는 어디까지나 게릴라 부대로, 전면에 나서 싸우는 세력이 아니기 때문이다. 앞서 말했다시피 가운뎃손가락을 들어 보이며 시위를 부채질하는 것은 시바키 부대 '본연의 임무'가 아니다.

노마 씨는 카운터 활동을 오랫동안 해 왔기 때문에 허가받은 집회를 중지시키기 힘들다는 사실을 알고 있었다. 예전에는 직접 시위에 항의하다 체포된 사람도 있었지만, 그러면 오히려 인종주의자들을 기쁘게 할 뿐이었다. 따라서 그는 인종주의자들이 벌이는 불법적인 분탕질, 이른바 '산보'를 주타깃으로 설정해 공격한 것이다. 노마 씨의 판단은 옳았다.

하지만 그 후 사람들의 운동은 노마 씨의 판단을 뛰어넘어 버렸다. 역사는 한 사람의 천재에 의해서가 아니라 여러 사람의 분노와 행동을 통해 만들어진다. 이후 신오쿠보에서 일어난 사건은 이를 증명해 주었다.

4   카운터

인종주의자들은 신오쿠보 시위를 계속했다.

2월 10일, '일본 침략을 용납하지 않는 국민 모임'이라는 단체의 주최로 신오쿠보역 주변에서 '북한은 납치 피해자를 즉각 돌려 달라! in 신주쿠'라는 시가행진이 진행되었다. 우리는 빌딩 옥상에 몸을 숨기고 "조선인을 사살하라!", "서울을 불바다로 만들자!" 등의 구호를 외치는 시위대 여성의 기성奇聲을 숨죽여 듣고 있었다. 영화 〈살바도르Salvador〉[6]의 한 장면이 떠올랐다. 빌딩 옥상에 몸을 숨기고 피게로아Figueroa의 전차대를 감시하던 좌파 게릴라 조직(FMLN). 영락없는 시바키 부대의 모습이었다.

이날 '산보'는 진행되지 않았다. 그들에게 '산보'란 그저 한숨 돌리는 데 필요한 '여가'일 뿐, 다른 전략적 의미를 갖지 않는다. 그러니 긴장한 '시바키 부대'도 무리하게 강행할 필요까지는 없었던 것이다.

그리고 '한국을 독도에서 몰아내자! in 신오쿠보'라는 타이틀의 인종주의 시위가 있던 2월 17일이었다.

그날 시위대를 향해 플래카드를 들고 항의하는 사람들이 길가에 나타났다. 플래카드에는 "친하게 지내요"라는 상단의 문구와 함께 두 개의 손이 악수하는 그림이 그려져 있고, 다시 그 아래쪽에 한글로도 "친하게 지내요"라는 문구가 적혀 있었다. "조선인을 몰아내자"는 재특회의 메시지에 대항하는 강렬한 안티테제였다.

이 운동을 주도한 것은 기노 토시키木野寿紀라는 젊은이다. 사회인 전형으로 입학한 대학생이며 트럼펫 연주자이기도 하다. 그가 주도하는 이 운동은 이후 '플래카드 부대プラカ隊'라고 불렸다. 시바키 부대가 모습을 숨기는 '게릴라 부대'인데 반해 '플래카드 부대'는 일부러 시위대 앞에 모습을 드러내고 눈앞에서 항의한다는 특징이 있다.

2월 17일 당시만 해도 플래카드 부대는 아직 조용하게 저항하는 소수집단에 지나지 않았다. 신오쿠보도리의 노란색 파친코점 근처가 그들의 집결 장소다. 하지만 "조선인을 몰아내자"는 아우성이 울려 퍼지던 거리에서 "(조선·한국인과) 친하게 지내요"라는 플래카드를 드는 일은 나름 중요한 의미가 있었다. 그것을 본 사람들이 눈앞에서 전개되는 광경이 악몽이며, 시민 전체의 의사와 아무 관계가 없다는 것을 인지할 수 있기 때문이다.

나는 지금도 초기 플래카드 부대의 모습을 담은 사진을 보면 가슴이 뜨거워진다. 수적으로 절대적 열세임에도 불구하고 미쳐 날뛰는 인종주의자들에게 흔들림 없이 항의의 목소리를 높이던 용기. 진정한 용기란 바로 이 경우에 해당하는 것이리라. "친하게 지내요"는 그 이후 반인종주의 운동의 표어가 되어 '친하게 지내요 퍼레이드'처럼 집회의 명칭에 활용되기도 했다.

6   올리버 스톤Oliver Stone 감독, 1986년.

2013년 5월 19일, 신오쿠보 카운터 행동

　　당초 플래카드 부대는 별로 눈에 띄지 않는 소수집단
이었다. 하지만 '플래카드를 들고 항의'하는 활동 자체가 시
바키 부대와 비교할 때 진입 장벽이 그리 높지 않다 보니 시
간이 갈수록 많은 사람이 참가하게 되면서 서서히 그 숫자가
늘었다. 그리고 3월 17일 무렵 플래카드를 들고 항의하는 사
람의 수는 급기야 시위대를 압도하는 수준에 이른다. 이때를
기점으로 재특회 시위에 항의하는 사람들이 '카운터'라 불리
게 된 것이다.

　　수적으로 압도당한 시위대는 플래카드 부대를 조소하
는 수법을 택했다. 인종주의자들을 선동하던 S는 사람의 신
경을 건드리는 데 악마적인 재능을 가진 자였다.

2013년 6월 16일, 신오쿠보 카운터 행동

"우리는 외국인 범죄를 용납하지 않는 시민 모임을 주축으로 하는 시위대입니다."

"아이고, 길가에 계신 여러분. 플래카드까지 들고 성원해 주셔서 대단히 감사합니다!"

'카운터' 활동 참가자들은 그의 도발에 격분했다.

"꺼져!", "꺼지라고!"

"인종주의자는 부끄러운 줄 알아라!"

"배외주의, 뒈져 버려!"

시위대에 욕설을 퍼붓는 사람들, 개중에는 가운뎃손가락을 들어 시위대에 항의하는 사람도 있었다. 하지만 카운터 활동 참가자는 엄연히 수적으로 시위대를 압도했고, 따라서 시위대의 헤이트 스피치는 시간이 지날수록 "꺼져"를 연호하는 사람들의 목소리에 파묻혔다. 그와 더불어 플래카드 문구인 "친하게 지내요" 역시 "배외주의 뒈져 버려" 등으로 다양화되었다.

이처럼 다채로운 양상은 3월 31일 카운터 행동에서 절정을 이룬다.

일단은 길가에서 "(한국과) 친하게 지내요", "배외주의 뒈져 버려", "차별하지 말자" 등의 문구가 적힌 플래카드를 들고 시위대에 항의하는 일련의 시민들이 있었다. 앞서 소개했던 플래카드 부대다.

어떤 시민들은 "증오의 연쇄로는 아무것도 얻을 수 없다"고 적힌 플래카드를 내걸기도 했다. 이른바 '단막 부대^{ダンマ ク隊}'라 불리는 사람들이다.

차별 시위의 진로를 변경시켜 신오쿠보를 차별 시위로부터 지키기 위한 서명운동을 시작한 시민들도 있었다. '서명 부대^{署名隊}'다.

거리의 점포들을 향해 "지금부터 차별 시위대가 지나갑니다" 등을 쓴 플래카드를 들고 걸어가며 가게에서 일하는 조선·한국 국적 점원들에게 차별은 일본인의 총의가 아니며, 많은 시민이 인종차별에 반대하고 있다는 것을 어필하는 '알림이^{知らせ} 부대'도 나타났다.

"친하게 지내요", "사랑해요" 등의 문구가 적힌 빨간 하트 모양 풍선을 행인들에게 나눠 주며 차별 시위로 살벌해진 분위기를 조금이라도 누그러뜨리기 위해 노력하는 시민들이나, 퀴어퍼레이드의 드래그 퀸Drag Queen 복장을 하고 시위대 앞에서 춤을 추며 조롱하는 시민들도 있었다.

심지어 어떤 시민은 "친하게 지내요" 플래카드를 붙인 차를 타고 시위대 뒤에 따라붙어 경쾌한 음악과 함께 스피커로 "인종차별은 나빠요. 사람과 사람은 국적에 관계없이 사이좋게 지내야 합니다"라고 외쳤다. 신오쿠보도리에 설치된 대형 스크린은 시위대가 당도할 시각에 맞춰 헤이트 스피치를 비판하는 지식인의 영상을 내보냈다.

완벽한 카운터의 승리였다. 시위대의 두 배, 세 배에 달하는 인원이 시위대를 포위하고 "꺼져"를 연호했다. 시위대의 헤이트 스피치는 카운터의 목소리에 완전히 묻혀 그 경박한 구호가 안타까울 정도였다.

카운터 활동이 벌어질 때마다 함께해 준 아리타 요시후有田芳生[7] 참의원 의원은 그의 저작[7]에서 다음과 같은 에피소드를 언급하고 있다.

> 한 여성이 재특회 시위대가 지나가는 것을 보고 놀란 행인들에게 '입가심을 하시라'며 작은 봉지 하나를 건넸습니다. 봉지에는 '친하게 지내요 쿠키'라고 쓰여 있었고 쿠키 포장지에 다음과 같은 메시지가 인쇄되어 있었습니다.
> '이웃을 미워하는 가련한 사람들에게 굴하지

---

7 《헤이트 스피치와 싸우다!(ヘイト・スピーチとたたかう!)》, 이와나미쇼텐岩波書店, 45쪽.

않고, 국적·문화의 차이를 넘어 사이좋게
지내기를 기원하며'
안을 열어 보니, 귀여운 모양의 쿠키 두 개가 들어
있었습니다. 하나는 사쿠라, 그리고 다른 하나는
한국의 국화인 무궁화 모양이었습니다.

그렇게 카운터에 내몰린 시위대는 오쿠보도리에서 기타신주쿠北新宿 1번가 교차점을 왼쪽으로 돌아 종점인 카시와기 공원까지 이어지는 길로 들어갔다. 카운터의 행렬이 그들을 뒤쫓았지만, 교차점에서 충돌을 우려한 경찰대에 제지당했다.

어느새 태양이 방향을 바꾸면서 인종주의자들은 빌딩의 그림자가 만들어내는 어둠 속으로 빨려 들어가고, 카운터 쪽에 서 있는 우리들의 머리 위로 밝은 빛이 떨어지고 있었다.

3월의 청명한 하늘을 "친하게 지내요" 등의 문구가 적힌 빨간 풍선이 가득 메웠다.

드래그 퀸의 손에 들려 있던 라디오에서 루이 암스트롱의 〈What a Wonderful World〉가 흘러나왔다.

푸른 나무들, 붉은 장미, 나와 그대를 위해 피었네
그리고 나는 생각하지 얼마나 멋진 세상인가
푸른 하늘, 흰 구름, 빛나는 축복의 날,
또 성스러운 밤

그리고 나는 생각하지 얼마나 멋진 세상인가
하늘엔 너무도 아름다운 무지개가 떠 있고
지나는 사람들의 아름다운 얼굴,
악수하며 인사를 나누는 친구들
진심을 담아 말하네 '사랑한다'고
아이들의 울음소리를 듣고,
그들의 자라나는 모습을 바라보며
그리고 나는 생각하지 얼마나 멋진 세상인가
그리고 나는 생각하지 얼마나 멋진 세상인가

필자 역

나는 이날의 아름다운 광경을 잊을 수 없다.

인종주의자들의 욕설로 더럽혀진 세계가 사람들의 목소리와 아름다운 음악으로 정화되는 느낌이 들었다.

그것은 사람들의 양심이 거둔 승리이자, 민주주의의 승리였다.

5 여론의 변화, 당황하는 재특회, 그리고 '도쿄 대행진'

카운터 활동에 힘입어 재특회에 대한 비판 여론이 형성되기 시작했다.

맨 처음 이 문제에 날카롭게 반응하고 기민하게 대처한 것은 참의원인 아리타 요시후 의원이었다. 아리타 의원은 2013년 3월 14일, 참의원회관 강당에서 '배외·인종 모멸 시위에 항의하는 국회 집회'를 개최하기도 했다.

매스컴의 반응도 생겼다. 3월 16일, 〈아사히신문〉은 "'죽여라' 연호, 시위 횡행"이라는 제목으로 이시바시 히데아키石橋英昭 기자의 기사를 게재했다. 〈도쿄신문〉에는 3월 29일 사토 케이佐藤圭 기자가 쓴 "헤이트 스피치 백주 활보"라는 제목의 기사가 게재되었다. 〈마이니치신문〉도 3월 18일 석간에 "시위에서 두드러진 과격 언동, '죽여라', '몰아내자'"라는 기사를 게재했다. 이 신문은 관련 연재까지 시작했다.

우리 변호사들도 활동을 시작했다. 3월 26일, 아리타 의원과 '서명 부대'의 긴 노부카쓰金展克 씨 등과 함께 6000명이 넘는 사람들의 서명을 받아 도쿄도 공안위원회를 방문해 시위 코스의 변경을 호소했다. 또한 같은 달 29일 아즈사와 카즈유키梓澤和幸 변호사의 주도로 11명의 변호사가 모여 경시청 민원으로 인권구제신청을 했다. 취지는 '재특회 시위와

2013년 9월 22일, 신주쿠에서 개최된 도쿄 대행진

관련해 경시청이 행정경찰 권한을 행사해 법익 침해를 예방해 달라'는 것이었다. 이 일은 같은 날 저녁 NHK에서 수도권 뉴스로 방영되었다. 재특회를 비판하는 최초의 TV 보도였다 (NHK는 5월 31일 '헤이트 스피치'에 관한 특집 방송을 편성했다).

　　이에 따라 재특회는 시위 공지에 "'죽여라' 등의 구호는 필요 없다"고 기재할 수밖에 없게 되었다. 시위 참가자도 눈에 띄게 줄었다. 이에 따라 그들의 분노는 카운터로 향했다. "조선인을 죽여라" 대신 "시바키 부대를 죽여라"는 구호가 등장한 것이다. 어리석은 그들에게 분노의 칼날을 겨눌 대상이란 애초부터 누구든 상관없었다.

　　6월 16일, 시위대와 카운터의 충돌이 일어나 양측에

서 각각 4명이 체포되었다. 체포된 시위대 중 두 명은 시위를 하다 카운터에게 폭력을 휘두른 악질적인 사람들이었다. 이에 150명 이상의 변호사들이 대리인이 되어 재특회 시위 참가자에 대한 형사 고소가 진행되었다(이때 나는 카운터 활동 참가자들의 변호를 맡아 분주했다).

6월 30일, 시위대는 결국 경찰의 지도에 따라 시위 코스를 바꿀 수밖에 없었다. 하지만 카운터는 그들을 용납하지 않았다. 시위대의 집합장소인 오쿠보 공원 주변에 '인간 사슬'을 만들고 출발 자체를 저지하려 한 것이다. 물론 나름 합법적인 집회였던 탓에 통과를 저지할 수는 없었지만, 시위대는 동요하는 기색이 뚜렷했다.

7월 7일, 예정되어 있던 재특회 시위가 갑자기 취소되었다. 정확한 이유는 밝혀지지 않았지만 운동 단체로서 사전에 고지했던 시위를 취소하는 것은 치명적인 일이다. 재특회의 동요가 분명히 확인되는 사례였다.

9월 8일, 인종주의자들은 다시 신오쿠보를 습격했다. '도쿄 한국학교 무상화 철폐 데모 in 신오쿠보'라는 타이들의 집회였다. 카운터는 이날 쇼쿠안도리에서 다같이 주저앉아 이 시위를 '온몸으로' 막아냈다. 싯인$^{Sit-in}$. 그들이 보인 이 용기 있는 행동은 지금 이 순간에도 내 가슴을 두근거리게 만든다. 결과적으로 '싯인 부대'는 경찰대에 의해 해산됐지만, 인종주의자들은 스스로 선택한 결전장에서 결정적 패배를 맛본 것이다.

그리고 2013년 카운터의 집대성이라 할 만한 집회가 오사카와 도쿄에서 개최되었다. 7월 14일에 진행된 'OSAKA AGAINST RACISM 친하게 지내요 퍼레이드'와 9월 22일 도쿄에서 진행된 '차별 철폐 도쿄 대행진'이다. 후자는 50년 전 킹^{Martin Luther King Jr.} 목사가 했던 연설 'I Have A Dream'으로 유명한 '워싱턴 대행진'의 영향을 받은 것으로 약 3000명의 시민들이 모여 헤이트 스피치 반대를 호소했다. 차별 철폐 도쿄 대행진 실행위원 대표단은 10월 21일 '인종차별 철폐 조약의 성실한 이행'을 촉구하는 서명을 일본정부에 제출했다.

또한 도쿄 도청 앞에서 매주 월요일 헤이트 스피치와 관련한 적극적 조치를 도쿄 도에 요구하며 거리 선전을 벌이는 '반차별 액션'도 시작되었다.

사람들의 운동이 어느새 단순한 '차별 시위에 대한 항의'를 넘어, 사회 전체를 바꾸기 위한 운동이라는 새로운 단계로 비상한 것이다. 노마 씨나 기노 씨도 이 정도까지 되리라고는 예상하지 못했다. 사람들의 운동이 리더의 상상을 뛰어넘어 더욱 높은 차원으로 고양된 것이다.

6 '카운터 운동'은 무엇이었나?

지금까지 헤이트 스피치에 저항하는 '카운터'의 투쟁을 자세히 소개해 보았다.

일본정부가 인종차별 철폐 협약 위원회의 권고를 완강하게 거부함에 따라 인종차별 철폐 관련 법 정비가 진행되지 않고 있던 가운데, 시민들이 자발적으로 일어나 문제의 해결, 혹은 대폭적인 완화를 이루어 낸 사례를 돌아보는 것은 대단히 의미 있는 일이다. 그러면 카운터는 도대체 어떤 행동 원리에 따라 움직였을까.

첫째, 카운터는 지속적으로 '차별 반대'를 공언했지만 그것은 단지 '재일在日·자이니치만을 지킨다'는 의미는 아니었다. 카운터 활동의 주체는 '차별에 반대하는 사람들'이었지만, 그것이 곧 '차별로 인해 피해를 받는 재일코리안'은 아니었기 때문이다.

그럼에도 인종주의자들은 시바키 부대를 '자이니치의 집단'으로 호도했다. 물론 시바키 사이에도 재일코리안이 일부 포함되어 있었지만 대부분은 엄연한 일본인이었다. 이렇듯 카운터는 일본인들이 구성원의 다수를 차지하고 있을 뿐만 아니라 공식적으로 '재일만을 지킨다'는 태도를 취한 적도 없다. 시바키 부대의 경우도 '차별에 반대하며 사회의 공정성을 지키는' 것이 그 임무였다. 시바키 부대의 활약으로 차별에 반대하는 활동 자체가 단순한 '재일(코리안)'과 '재특회'의 대립이라는 구도를 피할 수 있었던 것은 무척 의미심장한 일이다.

실제로 나 같은 법률가는 운동의 주체로서 언제나 '피해자'를 상정한다. 민사소송법에는 '당사자적격當事者適格'[8]이라는 개념이 있기 때문에 통상 '피해자'가 아닐 경우 재판의 당사자가 될 수 없다. 그렇게 보면 교토 조선학교 습격 사건[9]의 경우 학교와 부모들이 문제 삼지 않았더라면 재판이 성립되지 않았을 것이다.

하지만 피해자들을 운동의 주체에 위치시키다 보면 결국 '재일' 대 '재특회'라는 구도가 형성될 수밖에 없다. 많은 재일코리안은 이 구도 앞에서 망설이게 된다. 실제로 '산보'로 피해를 당한 재일코리안들은 '보복 방문'이 두려워 형사 고소를 삼갔다.

또 피해자가 다수일 경우 내부적으로도 복잡한 상황이 발생한다. 같은 재일코리안들이라도 2세, 3세들과 이른바 뉴커머Newcomer 사이에는 견해차가 존재한다. 신오쿠보의 경우 오사카의 쓰루하시와 달리 뉴커머가 재일코리안의 상당수를 점하고 있으며, 그중에는 2~3년 만에 본국으로 돌아가는 사람도 많다. 민단(재일본대한민국민단)의 힘으로도 피해자를 하나로 모으기란 거의 불가능하다. 노마 씨는 반원전 운동을 통해 '피해자'를 운동의 당사자로 세우는 일의 어려움을 아마도 알고 있었으리라. 원전 사고 피해자들은 재일코리안 이상으

8   일정한 권리 및 법률관계에 있어서 소송당사자로서 유효하게 소송을 수행하고 판결을
     받기 위해 필요한 자격. – 옮긴이
9   2009년 3월 4일. 재특회 멤버들이 교토 제1초급학교 교문 앞에서 "조선학교를
     몰아내자" 등의 헤이트 스피치를 했던 사건. 핵심 멤버에 대한 형사 사건 유죄 확정
     외에도 민사에 따른 배상 청구 소송이 계속係屬되었다.

로 그 이해관계가 복잡하게 분화되어 있었다. 노마 씨 등이 중심이 된 '수도권 반원전 연합'은 원전에 반대하는 사람이면 누구나 주체가 될 수 있는 운동이었다.

카운터 운동 또한 운동의 주체를 '차별에 반대하는 사람들'로 설정했던 까닭에 처음부터 문제를 명확하게 끌고 올 수 있었다.

카운터는 '재일(코리안)' 대 '재특회'라는 구도를 뛰어넘어 '일본사회' 대 '인종주의자'라는 구도를 형성시켰다. 여기서 말하는 '일본사회'란 '지리적으로 일본에 존재하는 사회'로서 일본인 외에도 재일코리안, 중국인, 필리핀인 및 기타 외국인이 공생하는 사회를 말한다. 재특회는 자신들에게 반대하는 것은 '특아特亞의 인간들(중국·한국인들)'뿐이라고 반론했지만, 이런 규정 자체가 깔끔히 무너져 버린 것이다. 그들은 '올재팬All Japan'의 반격을 받아 간단히 패배했다.

둘째, 카운터는 '비폭력·직접' 운동으로 결실을 맺었다. 카운터 활동은 전반적으로 '비폭력·직접' 운동이었다고 할 수 있지만, 그중에서도 가장 인상적이었던 것은 9월 8일 차별 시위를 중지시키기 위해 쇼쿠안도리에서 감행된 연좌시위다. 많이들 오해하지만 연좌시위는 폭력이 아니다. 시민의 완전한 비폭력 저항 수단이자, 잃어버린 민주주의를 회복하기 위해 불가피한 행위인 것이다.

일본인들은 사회적 부정의를 '몸으로 막아낸' 경험이 거의 없다. 지극히 드문 예외적 사례로 아하곤 쇼우코阿波根昌鴻

씨가 이끈 이에지마伊江島 기지 반대 투쟁 등 오키나와 기지 투쟁 정도가 있었고, 최근에는 헤노코辺野古 기지 건설 반대 투쟁이나 다카에高江 지구의 헬리포트Heliport 건설 반대 운동이 여기 해당한다. 미국의 공민권 운동은 '몽고메리 버스 보이콧Montgomery Bus Boycott'[10]으로 시작되어 수많은 비폭력·직접 행동을 통해 진전되어 왔다. 민주주의가 단지 '선거'만을 의미한다고 생각한다면, 그것은 착각이다. 민주주의는 오직 사람들의 끊임없는 '운동'을 통해서만 발전할 수 있다. 여기에는 당연히 연좌시위 같은 '비폭력·직접' 행동이 포함된다.

정치철학자 존 롤스John Rawls는 민주정체民主政體하에서 이루어지는 시민의 비폭력 저항을 '시민 불복종'으로서 옹호했다.[11] 민주정치는 헌법적 기초에 반하는 다수파의 횡포에까지 침묵하고 복종할 것을 요구하지 않기 때문이다. 차별 시위를 용인하고, 그 시위를 지키려는 경찰을 몸으로 저지하려 한 사람들의 행위가 바로 '시민 불복종'에 해당한다. 존 롤스는 베트남 전쟁에 반대하며 징병 카드를 불태운 젊은이들의 행위를 염두에 두었던 것으로 보인다. 차별 시위를 몸으로 저지하는 행위는 징병 카드를 불태운 행위와 마찬가지로 용기를 필요로 하지만 법질서와 괴리되는 지점이 적으며 보다 합법적이다.

나는 카운터 활동의 극히 일부분이지만 '비폭력' 전술에서 일탈한 사례가 있었다는 점을 부정하지는 않는다. 하지만 그것은 사실 인종주의자 쪽이 먼저 손을 올린 것에 응수

10　　1955년 12월부터 이듬해 11월까지 미국 앨라배마 주 몽고메리에서 흑백 분리주의의 철폐를 요구하며 흑인들이 보이콧을 벌인 사건. – 옮긴이

11　　존 롤스, 《공정으로서의 정의》, 보쿠타쿠샤朴選社, 197쪽.

했을 뿐인 경우가 대부분이다. 나는 변호인으로서 가령 일탈이 있었을 경우, 사실을 솔직히 인정하고 고치도록 한다는 원칙을 세우고 '묵비 전술'을 거부했다. 먼저 손을 댄 것이 어느 쪽이든 사실은 손을 댔으면서 부인으로 일관하는 것은 '비폭력' 방침에 반하는 일이기 때문이다. 나의 이러한 방침은 이미 카운터 측으로부터 지지와 이해를 받아 왔다고 생각한다.

이렇듯 극히 일부의 일탈이야 있었다 하더라도 카운터는 '직접·비폭력' 방침에 입각해 차별 시위를 상당 부분 무력화시켰고, 최종적으로 '재특회'에 승리했다. 이는 실로 일본 민중운동사의 '획기적 사례'라고 해도 무리가 없을 것이다.

셋째, 카운터는 마지막까지 엄밀한 의미에서 '조직'이나 '리더'를 가지고 있지 않았다.

물론 신오쿠보에서의 운동을 주도한 것은 노마 씨이며, 그 개인의 천부적 재능이 없었던들 카운터도 이 정도로 크게 발전할 수 없었을 것이다. 그러나 이미 밝혀진 바와 같이 노마 씨의 구상은 당초 인종주의자들의 '산보'를 제지하려는 것이었지만, 사람들의 운동은 시간이 갈수록 그 구상을 뛰어넘는 수준으로 발전했다. 그 가운데서도 특히 3월 30일의 다채로운 카운터 행동은 참가자가 소수였다면 절대로 나타날 수 없었음은 물론이거니와 오히려 리더가 없었기에 가능했다.

또, 카운터는 엄밀한 의미에서 '조직'도 가지고 있지 않았다. '시바키 부대'는 회칙도 명부도 없이 트위터를 통해 만났을 뿐인 개인들의 네트워크다. 나도 '시바키 부대'의 초기 멤버지만, 지금도 멤버들의 얼굴이나 이름을 거의 모른다. '플래카드 부대' 정도가 그저 현장에 모인 사람들을 중심으로 '플래카드 부대'라 불렸고, 이러한 상황은 '횡단막 부대'나 '알림이 부대', 그리고 '여성조女組'의 경우에도 크게 다르지 않았다.

이와 같은 운동의 문화는 '원전 반대 관저 앞 금요 집회'에서 확립된 것으로 보인다. 다만 이 집회에는 '수도권 반원전 연합'이라는 수평적 네트워크가 존재했다. 그러나 카운터는 이에 해당하는 것조차 없다(어쩌면 최근 결성된 'CRAC Counter-Racist Action Collective'가 여기 해당될 수도 있지만).

시민운동의 이러한 새로운 스타일은 (재특회 쪽에도 적용되겠지만) 운동의 진입 장벽을 낮추고, 대규모 동원을 가능하게 해주었다. 이는 독립적 '개인(들)'이 모두에게 정말 중요하다고 판단한 과제가 있을 경우, 각자의 양심에 따라 결집하는, 진정한 의미에서의 '시민사회'의 맹아라 할 수 있을 것이다.

영화 〈레미제라블Les Miserables〉[12]에 정부군 장교가 반군 젊은이에게 '파리 시민들은 잠들어 있다'며 호소하는 장면이 나온다. 1830년대 시민운동은 일부 혁명가들이 호소하더라도 시민들이 따라와 주지 않으면 아무런 성과도 거둘 수 없는 '제로섬 게임Zero-sum Game'이었다. 따라서 나중에 혁명가들은 이를 한탕주의라 비판하며 당 조직의 지도에 따른 총파업으로

---

12   톰 후퍼Tom Hooper 감독, 2012년.

전술을 바꾸게 된다.[13] 하지만 '시바키 부대'가 취한 전술은 굳이 말하자면 1930년대 프랑스의 혁명가들과 같은 '한탕주의'에 해당하는 것이었다.

《레미제라블》의 원작자 빅토르 위고는 한탕주의가 실패로 끝나는 원인에 대해 '국민들은 실제적이다. 선천적으로 반란을 싫어한다. 첫째로, 반란의 결과는 파국인 경우가 많으며, 둘째로, 반드시 추상적 관념을 출발점으로 하고 있기 때문'이라고 설명한다.[14] 하지만 성숙해가는 일본의 시민사회는 '시바키 부대'의 호소에 응답했다. '도쿄 시민들은 잠들어 있지 않았던' 것이다.

13   가시마 시게루鹿島茂, 《레미제라블 106경百景》, 신장판新裝版, 문예춘추, 380쪽.
14   《레미제라블》 5권, 신조新潮문고, 130쪽.

7 카운터 운동의 성과

그럼 지금까지 이야기한 '카운터 행동'의 성과는 무엇이었는 지 정리해 보겠다.

첫째, 카운터는 헤이트 스피치의 피해를 최소화하고 피해자의 고통을 줄이는 역할을 했다. 인종주의자들의 분노 가 카운터에게 향하면서 결과적으로 피해자에 대한 증오의 양이 감소한 것이다. 카운터의 존재는 결과적으로 재일코리 안들의 고립을 막음으로써 다수자Majority인 일본인과 소수자 Minority인 재일코리안의 연대 투쟁을 가능하게 만들었다.

둘째, 카운터는 차별 시위 확산을 저지하고 위축·축소 시키는 효과를 낳았다. '꺼져'라고 폭언하며 시위에 참가하는 일이 용감한 것이라 여기던 차별 시위 참가자의 증가를 막고 '죽여라' 등의 구호에 제동을 건 것이다.

셋째, 카운터는 헤이트 스피치 문제의 본질을 여론에 호소하고 계몽하는 역할을 했다. 매스컴이 헤이트 스피치를 비판적으로 다루기 시작한 것도 카운터 운동의 고조와 직접 적 연관성을 갖는다.

넷째, 일본인의 양심적인 목소리를 세계에 전하고 국 제적 연대의 분위기를 조성하는 효과를 가져왔다. 재특회의 헤이트 스피치는 해외 미디어에서도 반복적으로 다뤄졌다. 특히 이웃 나라 한국의 미디어는 신오쿠보의 현장에 특파원을 파견했는데, 당연히 차별 시위와 동시에 카운터의 존재도 취재 대상으로 삼았다. 나 자신도 몇 번이나 한국 미디어의 취재에 응한 바 있다.

다섯째, 새로운 방식의 정치 참여로 민주주의를 풍요롭게 만들었다는 점에서도 의미가 있다. 일본사회는 지금껏 인종차별에 직접적으로 항의한 경험을 갖고 있지 않았다. 그런 맥락에서 카운터는 새로운 정치 참여의 모델을 제공하고, 지금까지 정치에 관심이 없었던 이들까지 끌어들임으로써 민주주의의 새로운 지평을 개척한 것이다.

내가 카운터를 너무 미화하고 있는 것일까. 아니, 그렇지 않다. 차별 시위와 배외주의가 확산되는 상황 앞에서 사람들이 무엇을 생각하며 어떻게 행동하는지 정확하게 이해하고 평가하지 않는다면 앞으로의 운동과 이후에 이어질 법제화 논의가 심도 있게 진행되기 어려울 것이기 때문이다.

2장
헤이트 스피치의 심층에는
무엇이 있나

1 헤이트 스피치의 본질

<u>헤이트 스피치의 정의</u>

"저 자식들이 저한테 손가락질을 하면서 '야, 거기 바퀴벌레! 네 발로 기어봐!'라고 했다니까요."

오사카 시내 경찰서를 도는 밴^{Van} 안에서 실소를 터뜨린 재일코리안 L씨. 하지만 눈에는 웃음기가 없다.

"그런 말은 인터넷을 보고 연습이라도 하는 걸까."

조수석에 앉아 있던 전직 자위관 D씨도 웃었지만, 그 역시 무표정한 눈빛이었다.

'조선인을 죽여라', '바퀴벌레', '몰아내자'…. 재일코리안 등 소수자 차별을 선동하는 이러한 발언을 이 책에서는 '헤이트 스피치'라고 부른다.

말이란 신기한 것이다. '조선인을 죽여라', '바퀴벌레', '몰아내자' 같은 일련의 표현들을 '헤이트 스피치'라 이름 붙이는 순간, 사람들은 사안의 본질을 이해하기 위한 단서를 찾아낸다. '해외에는 헤이트 스피치를 금지하는 나라도 있다'는 말에서 용기를 얻는 이도 있을 것이다. 말이란 이렇듯 각자의 체험을 사회적인 문맥 속에서 파악해 재고하게 한다. '성희롱'이 그랬던 것처럼 '헤이트 스피치'도 마찬가지다.

좀 더 구체적으로 정의해 보자. 이 분야의 개척자라 할 수 있는 모로오카 야스코^{師岡康子} 변호사는 다음과 같이 말했다.

헤이트 스피치란 넓은 의미에서는 소수자 집단 혹은
개인에 대해 인종, 민족, 국적, 성별 등의 속성을
이유로 차별적 표현을 하는 것으로, 그 본질은
소수자에 대한 '차별, 적의 또는 폭력의 선동'(자유권
규약 20조), '차별의 다양한 선동'(인종차별 철폐 협약 4조
본문)이며, 표현에 의한 폭력, 공격, 박해이다.[15]

이러한 입장에 비추어 보면 헤이트 스피치는 ① 속성
에 따른 차별이라는 점, ② 소수자에 대한 것이라는 점, ③
표현에 따른 폭력이라는 점 등이 중요하다.

개인적 의견이지만 ③과 관련해서 특히 ④ 소수자 집
단을 그 속성에 근거해 사회로부터 '배제하려는' 의도 혹은
효과를 동반한다는 점이 중요하다고 생각한다. 이미 확인한
바와 같이 재특회 등 인종주의자들은 소수자를 사회로부터
배제하려는 '몰아내자' 등의 표현을 반복하고 있기 때문이다.

좀 더 자세하게 살펴보자.

첫째, 헤이트 스피치는 타인의 '인종, 민족, 국적, 성
별 등의 속성을 이유로 한 차별적 표현'이다. 예컨대 재일코
리안이라든가 성적 소수자(LGBT), 또는 유색인종이라는 이
유로 차별하고 사회로부터 '배제'하려 하는 등의 행위는 그
개인이 자신의 의지로 어찌할 수 없는 요소를 이유로 차별을
가하는 것이므로, 무엇보다 '부조리'한 차별에 다름 아니다.

15   모로오카 야스코, 《헤이트 스피치란 무엇인가》, 이와나미신서, 48쪽.

둘째, 헤이트 스피치는 '소수자 집단 혹은 개인'을 대상으로 한다. 소수자끼리라면 언론에는 언론, 말에는 말로써 대항할 수 있다. 하지만 압도적으로 불리한 사회적 소수자는 다수자로부터 공격을 받아도 반격하기 쉽지 않다. 헤이트 스피치가 약자를 향한 '이지메'이며, 이것이 용납될 수 없는 결정적 이유 중 하나도 바로 이것이다.

셋째, 헤이트 스피치는 표현에 따른 폭력, 공격, 박해로서 피해자에겐 "손바닥으로 뺨을 얻어맞는 것과 마찬가지다. 순간적으로 피해를 입은 탓에 그 행위가 어떻게 일어난 것인지 돌아보거나 대항하는 표현을 상대에 되돌려 줄 여유조차 미처 주어지지 않는다."[16] '교토 조선학교 습격 사건'에서 '스파이의 자식들'이라는 재특회의 확성기 욕설을 들은 아이들은 한밤중에 울음을 터뜨리거나 외출할 수 없게 될 만큼 정신적 피해를 입었다고 한다. 헤이트 스피치가 용납되어서는 안 되는 이유 중 하나는 그것이 '언어에 의한 폭력'이기 때문이다.

넷째, '조선인을 몰아내자'는 폭언으로 상징되는 재특회의 헤이트 스피치는 단지 그 대상인 개인이나 집단을 모욕하는 것이 아니다. 생명, 신체에 대한 위협을 내비치는 행위와도 다르다. 이러한 발언에는 특정한 속성을 가진 사람들을 협박하고 멸시함으로써 일본사회로부터 배제하려는 특색이 있다. 물론 '배제' 또한 차별의 일종이지만 더욱 심각한 사실은 이 점이 재특회 등 인종주의자들의 발언에서 두드러진다는

---

16   기쿠치 히사카즈菊池久一, 《증오 표현이란 무엇인가》, 케이소쇼보勁草書房, 207쪽.

점이다. '배제'는 소수자가 일본사회에서 '자기 정체성'을 유지하며 생활하는 것을 불가능하게 만들어 버린다. 언론의 자유에는 자유롭고 활달한 '비판의 자유'가 포함되지만, 이의 전제는 관련한 논의를 계속 이어가며 사회적으로 공존해야 한다는 것이지 상대를 사회로부터 배제할 권리가 포함된 것은 아니다. 헤이트 스피치가 용납될 수 없는 이유의 하나는 이것이 전형적인 '배제'이며, 언론의 자유로부터 벗어났기 때문이다.

단순한 '매도'나 '욕설'과 '헤이트 스피치'는 구별되어야 한다. '시바키 부대'는 '재특회'에게 '인종주의자는 집에 가라!', '배외주의, 뒈져 버려!'라며 매도한다. 한편 재특회도 '시바키 부대'를 '반일 좌익!'이라든가 '매국노!'라고 매도한다. 이것은 아무리 저급한 말싸움이라 하더라도 단지 '매도'나 '욕설'일 뿐, 헤이트 스피치라고 할 수는 없다. 소수자를 향한 것도 아닐 뿐더러 '인종, 민족, 국적, 성별 등의 속성을 이유로 한 차별적 표현'도 아니기 때문이다.

헤이트 스피치는 '언론'인가?

헤이트 스피치도 '언론'이며, 말에 의한 것이기 때문에 폭력과 동일 선상에 올릴 수 없다는 의견이 있을지 모른다. 특히 리버럴리스트 Liberalist 논객이라면 '언론은 언론으로' 대항하자고 호소할 수도 있을 것이다. 하지만 그런 사람들은 헤이트 스피치를 실제로 들어 본 경험이 없는 건 아닐까. 이에 독자 여러분께 불쾌함을 드리는 데 용서를 구하며 대표적인 헤이

트 스피치를 인용해 보도록 한다(혹시 재일코리안이 계시다면 부
디 이 부분은 건너뛰기 바란다).

"조선 가게에서 물건을 사는 놈은 일본인이 아니다.",
"일본인들은 말이지, 더 이상 잠자코 있으면 안
돼. 천황 폐하까지 모욕당했는데 진심으로 열 받는
일본인이 나서는 건 당연한 거 아냐? 착한 조선인,
나쁜 조선인이 어디 있나. 조선인은 다 죽여라!
재일조선인들을 몰살시켜라!"
2012년 8월 25일. 신오쿠보 '이케멘도리'에서
사쿠라이 마코토의 발언.

"이 부지는 남자들이 다 전쟁에 나가 있을 때,
놈들이 여자들을 강간하고 학살해서 빼앗았다.",
"아무짝에도 쓸모없는 조선학교를 일본에서
몰아내자. 얕보여선 안 된다. 몰아내자.", "우리는
지금까지 찾아왔던 단체들처럼 물렁하지 않아!",
"빨리 문 열어!", "일본이 전쟁으로 폐허가 된 틈을
타 민족 학교니 민족 교육 투쟁이니 하면서 도처에서
부지를 약탈했지.", "일본에서 꺼져 버려. 애들도
애들 나름이지. 너들은 스파이의 자식들이잖아.",
"너희들 말이야. 일본인들을 쳐 죽이고 이 부지를
빼앗은 거 아냐?", "약속은 인간들끼리 하는 거죠.

인간과 조선인 사이에는 약속 따위 성립하지
않습니다."
교토 조선학교 습격 사건과 관련한 재특회 측 발언.
형사판결에서 인정한 내용.

"쓰루하시에 사는 재일조선인 여러분,
그리고 여기 있는 일본인 여러분, 안녕하세요!",
"우선 일본인들에게 묻겠습니다.
조선인이 싫어 죽겠는 사람은 몇 명이나 되는지!
손 들어 봐요!", "여기도 많습니다!
사람들에게 이렇게까지 미움을 받고 있네요.
저는 말이죠. 정말로 여러분이 미워 죽겠다니까요!",
"여러분도 불쌍하고, 나도 짜증나니까 좀
뒈져 버렸으면 좋겠어요! 계속 그렇게 까불면
난징 대학살이 아니라 쓰루하시 대학살을
실행하겠습니다!", "일본인들의 분노가 폭발하면 그
정도는 할 수 있다고요! 대학살을 저지를 수 있다고!
그러니까 실행하기 전에 자국으로 돌아가요!
여긴 일본이야! 한반도가 아네요.
그러니까 적당히 하고 꺼져 버리란 말이야!"
2013년 2월 24일, 오사카 쓰루하시 거리 선전에 참가한
여자 중학생의 발언.

"오사카 시민 여러분. 조선인을 보면 돌을 던지시고,
조선인 여자는 강간해도 됩니다. 다 우리가 당했던
짓들이거든요. 조선인을 쳐 죽입시다."
2013년 3월 24일, 오사카에서 진행된 한일단교
시위 참가자의 발언.

　위의 내용들을 읽고 속이 메슥거리는 독자들이 많을
것이다. 특히 그 타깃인 재일코리안이라면 할 말을 잃고 몸
겨눕는 분들까지 나오리라고 본다. 실제로 교토 조선학교 습
격 사건 당시 교내에 있었던 아이들 중 일부는 공포감에 흐
느끼며 패닉 상태가 되기도 했다. 이 사건이 있은 후 아이들
사이에는 밤에 이부자리에 소변을 보거나 울음을 터뜨리고,
폐지나 폐품을 수집하러 다니는 사람의 확성기 소리에도 '재
특회가 왔다'면서 히스테리 증상을 보이는가 하면, 더 이상
혼자서 집을 볼 수 없게 되는 경우 등 심각한 피해 증상이 나
타났다고 한다.[17]
　교토 조선학교 습격 사건 직후 상황에 대해 저널리스
트 나카무라 카즈나리 씨는 자신의 책에서 다음과 같이 묘사
한다.[18]

　　어머니회 박정임 회장이 작심하고 학교로 찾아왔을
　　즈음, 거리 선전이 간신히 끝나 있었다. 특히 잊을 수
　　없는 것은 믿기 어려울 만큼 심한 '욕설 세례'를 당한

17　　나카무라 카즈나리中村一成, 《르포, 교토 조선학교 습격 사건》, 이와나미쇼텐, 69쪽.
18　　같은 책 18쪽.

동포들의 초췌한 모습이었다.

"학교 안으로 들어갔더니 남자들이 녹초가 돼서
고개를 숙이고…. (중략)
뭐랄까, 싸늘한… 12월이니까 날씨가 춥긴 했겠지만,
싸늘한 공기가 흘렀어요. 휑하니. 재특회에 대한
울분을 털어놓는 사람도 없고, 딱히 대응과 관련해서
논쟁을 벌이는 사람도 없었습니다."

헤이트 스피치는 그 타깃이 된 사람들에게 실질적인 폭력으로 작용해 그들을 철저히 짓밟음으로써 반론을 할 의욕조차 사라지게 만든다. 사람들은 이를 '침묵 효과'라고 부른다.

이처럼 헤이트 스피치는 단지 사람을 불쾌하게 만드는 일이 아니다. 대상이 된 재일코리안을 짓밟고 배제함으로써 인간으로서의 존엄과 존재 자체를 뿌리째 부정함과 동시에, 모두가 평등하게 공존할 수 있는 사회를 근본적으로 파괴하고, 주변 사람들에 대한 증오, 더 나아가 폭력이나 제노사이드Genocide를 선동한다.

〈호텔 르완다Hotel Rwanda〉[19]라는 영화를 본 독자가 있는지 모르겠지만, 1994년 르완다에서 발생한 제노사이드를 다룬 이 영화에서 살육을 벌이는 후투족이 투치족 사람들을 '바퀴벌레'라 부르는 장면이 나온다. 실제로 당시 르완다 정부의 지시를 받은 매스컴은 투치족에 대한 헤이트 스피치를 계속했으

19   테리 조지Terry George 감독, 2004년.

며, 특히 폭력을 선동하는 열쇠가 된 것은 라디오 방송국이었다고 한다. 심지어 TV는 투치족 게릴라를 '바퀴벌레'라 불렀고, 신문은 투치족 여성에 대한 성폭력을 부채질했다.

헤이트 스피치로부터 제노사이드에 이르는 사상事象을 일본인들이 남의 일처럼 방치하는 것은 결코 용납될 수 없다. 우리 일본인에겐 이미 관동대지진(1923년) 때 조선인 수천 명을 학살한 역사가 있다. 당시에도 조선인들이 혼란을 틈타 폭동을 일으켰다는 미디어의 오보, 혹은 헛소문이 학살의 원인이었다.

이처럼 '부조리한 일'이자 '약자에 대한 이지메'이며, '언어에 의한 폭력'이고, 또한 그 대상을 '사회로부터 배제'시키는 '헤이트 스피치'는 소수자의 인권을 부정할 뿐만 아니라, 공정한 사회 그 자체를 부정하며 궁극적으로 제노사이드로 귀착될 위험을 내포한다. 헤이트 스피치는 '언론'이나 '표현'이 아니다. 따라서 우리는 이것을 단호히 배격해야 한다.

2 인터넷과 헤이트 스피치

넷우익과 헤이트 스피치

재일코리안에 대한 헤이트 스피치는 최근에 시작된 것이 아 닙니다. 1989년 파친코 의혹(같은 해 8월 한 주간지가 보도한 파 친코 업계와의 유착으로 사회당이 국회에서 추궁당한 사건), 1994 년 북한 핵 위기, 1998년 대포동 1호 미사일 발사, 그리고 2002년 9월의 북일 정상회담에서 다뤄진 납치 피해자 문제 등 북한과 일본 간 마찰이 있을 때마다 재일코리안, 특히 조 선학교 학생들에 대한 폭언·폭력 사건이 반복적으로 발생했 다. 그럼에도 불구하고 헤이트 스피치라는 말이 최근에야 조 명받기 시작한 것은 인터넷의 보급으로 인해 그 격렬함, 음 습함이 극에 달했기 때문일 것이다.

당초 헤이트 스피치가 기승을 부린 장소는 인터넷이 었다. 거리에서의 헤이트 스피치는 그저 인터넷 공간에서 태 어난 언어를 밖으로 가져온 것에 다름 아니다. 재특회도 자 발적으로 시위나 거리 선전 영상을 인터넷에 업데이트하는 방법으로 빠르게 세를 불렸다. 인터넷이야말로 재특회의 인 재 양성 공간이자 헤이트 스피치의 배양지였던 것이다.

인터넷에 접속해 보라. 어렵지 않게 아이콘으로 일장 기나 전투기 혹은 군함 사진을 내걸고 '총チョン'[20]이니 '반도로 꺼져' 같은 더러운 말들을 쏟아내는 사람들과 조우할 수 있을

것이다.

> "XX 같은 한국·조선 민족들. 그렇게 일본이 싫으면
> 안 오면 되잖아. 뭐, 관광 명목으로 와서 실제론
> 매춘으로 돈벌이하겠지만. 더러운 한국·조선인들."
> "무능한 주제에 날조나 일삼는 한국·조선인들.
> 역사를 알고나 있을까. 남의 물건 도둑질하는 게
> 특기인 최악의 한국·조선인들은 역사 이야기를
> 하려면 일단 공부부터 다시 하고 지껄이지?"

위에서 인용한 내용들은 두 가지 모두 재일코리안 여
성에게 가해진 폭언이다. 우리의 기준에서 볼 때 '헤이트 스
피치'에 해당한다는 것은 논란의 여지가 없을 것이다. 인터
넷상에서 이런 헤이트 스피치를 반복하는 사람들을 속된말로
'넷우익ネット右翼'[21]이라 한다.

옮겨 적기도 괴롭고 읽는 쪽도 고통스럽겠지만 인터
넷에서의 헤이트 스피치를 좀 더 인용해 보고자 한다.

> "재일 한국인 '어이, ○○(실명)!
> 이 모아이 석상 같이 생긴 여편네! 재일의 수치!
> 뒈져 버려! 솔선수범해서 군대나 가라고.
> 조국을 사랑하잖아?'"
> "○○(실명)이 못난 거짓말쟁이들 얼굴 좀 보세요.

21 일본판 일베. – 옮긴이

위증죄 발생률이 일본인의 265배인 민족,
강간은 40배! 얼굴도 이렇게 못생겨가지고.
안면 싹 바꾸고(아싸, 우리 후레이센진이 오셨다)
헤이트 스피치, 헤이트 크라임[Hate Crime] 없는 사회를!'
"재일조선인들에게 일본인 2만 명이 생활보호비를
뜯기고 있다! 10년간 20만 명! 재일을 감싸는 놈들
한번 나와 봐! 재일조선인들은 학살자에 살인마잖아!
재일조선인들을 싸그리 죽여 버릴 거야!"

위에 인용한 것은 '요겐ヨーゲン@Yougen_Sato'이라는
이름으로 알려진 넷우익이 적은 코멘트다. 그는 2014년 마
이크로소프트의 ID를 사취해 부정 사용, 사기 용의로 체포되
었다.

"민주당은 조선 정당. 적, 스파이는 구별하자.
철저한 배총주의排チョン主義로 일본 정상화♪
일본을 파괴하는 XX같은 백정은 용서 없이
작살내자. 일본인 의원을 지원, 품격을 지켜야 할
의원들을 바꿔 버리고 있는 민주당은 조선계의
스파이, 성형한 얼굴에 물건은 9센티 미만,
X을 고맙게 먹고 있는 종족이라는 걸
폭로하고 말겠어!"

이것은 '신지츠 유코真実ゆう子@shinjituyuko'라는 인물의 트위터 프로필 내용이다. '백정'이란 조선 시대의 피차별민被差別民을 지칭한 단어로 추정되는데, 넷우익은 이를 재일코리안에게 사용하고 있는 것으로 보인다.

"X이나 먹는 충은 너희 나라로 돌아가라!"

또한 이것은 내게 트위터에서 멘션을 날린 한 넷우익의 계정명이다. 보통 넷우익의 멘션은 모두 무시하고 블록을 해 버리는데, 이 계정명은 너무나 충격적이어서 '보통은 무시하고 블록을 하지만, 계정명이 너무 기가 차서 블록하지 않고 증거로 보존해 두겠습니다'라고 회답했다.

인터넷에서 확산 중인 '넷우익'의 헤이트 스피치는 재특회가 떠들어 대는 말들과 판박이다. 아니, 재특회의 말이 원래 인터넷에서 등장한 것들이며, 오늘날의 헤이트 스피치의 원류가 인터넷에 있다고 거의 단언할 수 있다.

넷우익은 누구인가

'넷우익'은 누구인가, 언제부터 존재해 왔을까. 일설에 따르면 그들은 2000년대 초 '2채널2ちゃんねる'이라는 익명 게시판의 발흥에 따라 수를 늘리기 시작해, 2002년 한·일 월드컵을 기점으로 본격적인 주목을 받게 되었다고 한다.[22]

그러고 보면 '아!' 하고 떠오르는 일이 있다. 2004년

---

22   후루야 츠네히라古谷経衡, 《넷우익의 역습(ネット右翼の逆襲)》,
      소우와사總和社, 176쪽.

의 일이었다. 나는 당시 고리야마 소이치로郡山総一郎 씨, 다카토 나호코高遠菜穂子 씨, 그리고 이마이 노리아키今井紀明 씨 세 사람[23]을 위한 '지원' 변호인단에 소속되어 있었다. 당시 정부가 '자기 책임'이라고 주장하며 그들을 방치하려는 취지의 발언을 시작하자, 그 순간 '2채널'을 중심으로 인터넷이 달아오르더니 삽시간에 세 사람을 공격하는 말들이 온 일본을 뒤덮었다. 세 사람의 귀국 비행장에는 '2채널'을 보고 모여든 비판적 입장의 시민들이 '자기 책임!' 등의 문구가 적힌 플래카드를 들고 있었다. 지금 생각하면 그들이야말로 '넷우익'의 선구자였던 것이다. 그들이 처음 사이버 세계로부터 넘어오기 시작한 이후, 현실 세계로의 대거 습격이 이루어지기까지 9년이라는 세월이 소요되었다.

넷우익은 무시할 수 없는 세력이다. 저술가이자 블로거인 야마모토 이치로山本一郎 씨에 따르면, 넷우익 성향의 정보가 유통되는 게시판 서비스에 일주일에 2번 이상 접속해 도합 15분 이상 콘텐츠를 즐길 것으로 추정되는 유저의 수만 45만에서 52만 명 정도. 더 나아가 한 달에 1번 이상 게시판을 방문, 흥미를 갖고 재방문하는 수준의 유저는 무려 그 두 배인 110만 명 정도에 달할 것이라고 한다.[24]

그들은 어떤 상상 속에서 살고 있는 것일까. 스스로를 넷우익이라 칭하는 후루야 츠네히라古谷経衡는 넷우익이 발흥하게 된 배경에 2002년 한·일 월드컵을 계기로 터져 나온 혐한 감정이 있으며, 후지산케이그룹Fujisankei Communications Group[25]을

---

23   이들은 이라크에서 구호활동을 하다 현지 무장 단체에 납치되었다. - 옮긴이

24   야스다고이치安田浩一·야마모토 이치로·나카가와 준이치로中川淳一郎, 《넷우익의 모순(ネット右翼の矛盾)》, 다카라지마샤宝島社, 64쪽.

25   일본의 대표적 우익성향 매체인 《산케이産経신문》을 발행하는 기업집단. - 옮긴이

필두로 하는 전통적 '보수'는 반공의 동지로서 한국에 친근감을 가지고 있었기 때문에 넷우익을 수용할 수 없었다고 주장한다. 구보수파가 대체로 '반공'이라는 기치를 통해 한국에 융화적 자세를 보여 왔던 데 반해, 넷우익의 주된 비판 대상은 '한국' 그 자체라는 차이가 존재한다는 것인가. 후쿠시마 대학 준교수 히구치 나오토樋口直人 씨는 "우익 논단에서 2000년대에 압도적 존재감을 보인 것은 중국이며, 납치문제와 관련해 북한이 악역을 맡는 시기도 있었다. 하지만 재특회의 주적은 한국으로, 2013년 5월 재특회가 웹상에서 실시한 투표 결과를 살펴보면 78%가 한국을 '제일 싫어하는 나라'로 꼽았다"고 한다.[26]

넷우익과 '반한', '혐한'

그럼 왜 '반한'·'혐한'인가. '반한'·'혐한'의 효시로 지금도 넷우익의 이론적 지주로 자리매김해 있는 것이 2005년 발매된 야마노 샤린山野車輪의 《만화 혐한류マンガ嫌韓流》[27]라는 데는 별로 이견이 없을 것이다. 재특회 회장인 사쿠라이 마코토도 자신의 책에서 "인터넷 보급으로 일본인들도 한국의 실태를 알 수 있게 되었습니다. 그런 한국에 반격을 하는 기폭제로 작용한 것이 《만화 혐한류》지요", "인터넷과 《만화 혐한류》 덕택에 국민들의 의식이 조금씩 바뀌었습니다. 그 이전에는 재일 문제를 건드리는 건 있을 수 없는 일이었거든요"[28]라고 말했다.

《만화 혐한류》를 읽어 보면(집필 때문에 처음으로 이 책

---

26   히구치 나오토, 《일본형 배외주의》, 나고야대학출판회, 157쪽.

27   신유샤新游社가 출판했다.

28   사쿠라이 마코토, 《재특회란 '재일 특권을 용납하지 않는 시민 모임'의 명칭입니다!》, 세이린도青林堂, 28쪽.

을 접해 보았다) '한·일 월드컵'을 기점으로 '전후 보상 문제', '재일 한국·조선인의 내력', '일본 문화를 훔치는 한국', '반일 매스컴의 위협', '외국인 참정권', '일한병합[29]의 정당성', '독도 문제' 등 현재 넷우익과 재특회가 주장하는 거의 모든 논점이 빠짐없이 등장하는 데에 놀라게 된다. 이 책은 1권에서 이미 "통명通名[30] 제도가 범죄를 은닉하는 온상"이라고 주장하며, 2권(2006년)에서는 아예 '재일 특권'이라는 항목을 따로 만들어 재일코리안을 비판한다. 여기까지 읽으면 넷우익과 재특회의 주장을 거의 다 파악할 수가 있다.

《만화 혐한류》의 기조는 "일본의 조선 지배는 올바른 일이었고, 조선인들을 위한 것이기도 했다", "한일기본조약으로 전후 보상은 이미 해결되었으며, 위안부 문제 등을 끄집어내는 일은 협잡질에 다름 아니다"라는 '역사수정주의'다. 이러한 맥락에서 보면 1990년대 기승을 부린 '새로운 역사 교과서를 만드는 모임' 운동과도 사상적 연속성을 지닌다고 할 수 있다. 《만화 혐한류》의 저자인 야마노 사린은 원래 2002년 말 이 책의 원형이라 할 수 있는 만화('CHOSEN')를 완성했는데, 당시에는 출판을 할 수 없었기 때문에 그냥 인터넷에 공개했다고 한다.[31] 그가 《만화 혐한류》를 쓰기 시작한 것은 2003년 초여름. 그리고 같은 해 9월 사쿠라이 마코토가 자신의 인터넷 사이트를 개설한다. 야마노가 사쿠라이에게 영향을 준 것인지 혹은 그 반대인지는 단정할 수 없지만, 야마노의 말에 근거한다면 시간상으로 사쿠라이보다

29　우익이 주로 쓰는 표현. ─ 옮긴이
30　일본 국적을 보유하지 않은 사람이 통상적으로 일본에서 사용하는 이름을 가리킨다. ─ 옮긴이
31　《만화 혐한류 공식 가이드북》, 신유사. 6쪽.

는 야마노 쪽이 좀 더 일찍 책을 냈다고 볼 수 있겠다. 《만화 혐한류》가 출판된 것이 2005년, 사쿠라이가 처음 미디어에 등장한 것도 《만화 혐한류》가 나온 해인 2005년이며, 사쿠라이의 첫 책 《혐한류 실천 핸드북: 반일 망언 격퇴 매뉴얼》(신유샤)도 그해 12월 세상에 나왔다. 재특회가 결성된 것은 2007년 1월이다.

《만화 혐한류》가 발매된 2005년은 고이즈미 준이치로小泉純一郎 정권의 절정기였다. 그해 9월 자민당은 중의원 선거에서 압승, 공동 여당인 공명당 의석까지 포함해 55년 체제[32] 이후 최초로 개헌에 필요한 3분의 2선을 돌파했다. 11월 자민당은 창당 50주년 기념대회에서 '신헌법초안'을 발표한다. 이 일본 우경화의 절정기에 '혐한' 사상이 사회적으로 그 모습을 드러냈다. 이듬해인 2006년 12월 재특회가 결성 준비 모임을 가졌고 2007년 1월 발족 집회를 진행했다. 이는 제1차 아베 신조安倍晋三 내각(2006년 9월 ~ 2007년 8월)과 시기적으로 맞물리는, 실로 일본 정치가 가장 우경화된 시기였다.

《만화 혐한류》는 그 공격 대상을 '한국'이라는 나라로 설정하고, 일본에 거주하는 재일코리안을 직접적인 공격 대상으로 하지는 않았다. 사쿠라이 마코토 자신도 당초부터 재일코리안을 공격했던 것이 아니며, 최초의 공격 목표는 역시 '한국'이었다. 야마노 사린 류의 '혐한' 사상의 일부가 사쿠라이 마코토에게 옮겨와 순화·배양된 것이 '재일 특권' 공격이

라 할 수도 있겠다.

이와 같이 일본판 인종주의는 이웃 나라 한국에 대한 비난(='혐한', '반한')과 맞물려 일어나, 그 칼날이 국내의 소수자인 재일코리안을 향하게 된 것이다. 그 뿌리는 만화라는 서브컬처Subculture인데, 이것이 인터넷을 통해 확산되었다는 점 또한 특징이라 하겠다.

3   사회에 만연한 '혐한'과
헤이트 스피치

2002년 당시 《만화 혐한류》 같은 만화는 이른바 '계절 상품' 취급을 받아 이것을 책으로까지 엮어 보려는 출판사를 찾기 힘들었다고 한다. 하지만 이 책에 담긴 주장은 인터넷상에서 '넷우익'이라는 신봉자를 찾아내면서 점점 지지를 늘려 갔다. 그렇게 만화에서 출발해 사이버공간을 뒤덮은 '반한' 사상은 어느덧 사회조차 뒤덮어 버린 것처럼 보인다. '반한' 표현의 대부분은 헤이트 스피치나 그 비슷한 것들에 쓰이고 있다.

전차를 타려다 역의 가판대에서 커피를 산다. 이내 '혐한류'가 눈에 들어온다.

"미美 위안부상 철거, 반한 서명 10만 돌파", "한국의 당치 않은 미국 비판", "텍사스 대디Texas Daddy33, 베트남 잔학 행위 '한국은 사과하라!'", "한국의 어처구니없는 반일은 자살행위", "한·일, 위안부 문제로 만화 전쟁 발발", "한국, 친중반일로 인해 파산 급증"… 심지어는 "아베 정권, 한국 매춘부 퇴치". 모두 〈석간후지夕刊フジ〉의 헤드라인이다. 전차의 손잡이 광고도 비슷한 것들 투성이다.

서점에 가 보자. 다음은 쌓여 있는 책의 타이틀이다. 《악한론悪韓論》(신조新潮신서), 《범한론犯韓論》(겐토샤幻冬舎르네상스신서), 《태한론呆韓論》(산케이셀렉트), 《한국인이 쓴 치한론恥韓論》(후

073

쇼샤扶桑社신서), 《한국인이 쓴 침한론沈韓論》(후쇼샤신서), 《한한론恨韓論》(다카라지마샤), 《주한론誅韓論》(신유샤신서), 《이제 그 나라는 내버려 둬라! 한국의 광기와 이질성》(와WAC), 《한국 따위 알게 뭐야! 한국과 엮이면 사람도 나라도 반드시 불행해지는 K의 법칙》(아이버스i-bus출판), 《웃음이 날 만큼 성질 더러운 한국 이야기》(비즈니스샤ビジネス社), 《일본인이 알아 둬야 할 거짓말쟁이 한국의 정체》(쇼가쿠칸小学館), 《일본인이라면 알아 두자 '반일 한국'의 100가지 거짓말》(다카라지마샤), 《'망상대국' 한국 비웃기》(PHP연구소), 《한국, '반일 모략'의 함정》(후쇼샤), 《뻔뻔스런 한국인》(쇼덴샤祥伝社신서)… 지금까지 서술한 〈석간 후지〉 헤드라인과 '혐한' 서적 타이틀의 리스트를 작성한 가토 나오키加藤直樹 씨[34]에 따르면, 한국의 대형 서점에 《일본인은 바보》 같은 타이틀의 책은 전무하다고 한다. 솔직히 말해 보자. 누가 부끄러운 민족인가.

그렇게 보면 '혐한'도 '헤이트 스피치'도 극히 일부의 이상한 사람들의 사상이 아니라는 것을 알 수 있다. 실제로 '평범한 사람들'이 술집에 모여 앉아 비슷한 소리를 떠들며 한국을 멸시하는 경우도 있다.

그런 '보통 사람들'의 시위가 세간을 놀라게 한 일이 있다. 2011년 8월에 있었던 '후지TV 시위'가 그것이다. 시위는 후지TV의 '한류 편중'에 항의한 배우가 소속사에서 나온 사건을 계기로 시작되었다. 2011년 8월 7일 도쿄의 오다이바 후지TV 사옥 주변에서 일장기와 플래카드를 들고 모

---

[34] 《9월, 도쿄의 노상路上에서》(코로카라こ3から)의 저자.

인 사람들은 "후지TV의 한류 편중에 항의하는 것이 목적"이라는 주장과 더불어 "후지TV를 한국으로부터 되찾아오기 위해 모였다", "노 모어No More 한류" 등의 이야기를 하며 목청을 높였다. 개중에는 "한류 '후지' 망해 버려라", "조선인은 반도로 돌아가라"는 구호를 외치는 이도 있었다고 한다. 시위대는 '기미가요'를 제창하며 해산했고 시위 상황은 '니코니코ㄷ ㄷㄷㄷ 생방송'이나 '유스트림Ustream' 등의 인터넷 동영상 사이트로 생중계되어 도합 10만 명이 시청했다고 한다(〈J-CAST뉴스〉 2011년 8월 7일).

2014년에는 더 충격적인 사건이 이어졌다. 우선 축구장에 헤이트 스피치로 추정되는 횡단막이 내걸렸다는 뉴스였다. 2014년 3월 8일, J리그 우라와 레드 다이아몬즈Urawa Red Diamonds와 사간 도스Sagan Tosu의 시합이 사이타마스타디움에서 진행되었을 당시 불펜에 '일본인 이외 사절'을 의미하는 '재패니즈 온리Japanese Only'라는 문구의 플래카드와 일본 군기軍旗가 걸렸다는 것이다.

4월 들어서는 시코쿠四国 지역 내 88개 영지靈地를 도는 순례자들을 위한 도쿠시마 현 나루토鳴門 시의 쉼터 몇 군데에서 "'소중한 순례길'을 조선인들의 손으로부터 지켜 내자" 등의 내용이 적힌 벽보가 발견되는 사건이 있었다. 영지 참배자들을 이끄는 '안내자'로 공인받은 한국인 여성이 순례길에 있는 가게와 휴게소에 한글 병기 스티커를 붙인 것을 두고 중상한 것으로 추정된다.

8월에는 위안부 문제와 관련한 〈아사히신문〉 배싱 Bashing이 시작되고 사이버 공간이 가열됨에 따라 넷우익으로 추정되는 사람들의 전前 〈아사히신문〉 기자에 대한 비난과 협박이 쇄도했다.

법정에서도 헤이트 스피치가 시작되었다. 친한 재일 코리안 변호사는 재판소에 제출하는 준비서면에서 상대방으로부터 '한국 스파이', '조국으로 돌아가라' 등의 헤이트 스피치를 들었다.

이러한 사건들은 재특회 같은 급진적 인종차별 단체의 행위와는 또 다르다. 일반적인 사람들이 조금씩 배외주의에 익숙해져 그것이 일상이라고 생각하게 되는 과정에서 일어난 일들이었기 때문이다.

4 헤이트 스피치가 만연하게 된 이유

사회불안과 헤이트 스피치?

그럼 일본사회에 왜 이 정도까지 헤이트 스피치가 만연하게 되었을까. 이와 관련해 일약 유명해진 것이 저널리스트 야스다 고이치 씨가 쓴 다음의 문장이다.

> "(재특회) 회원 중에는 세상의 모순을 해결할
> 열쇠를 모두 '재일'이 쥐고 있다고 믿는 사람이
> 적지 않았다. 그 일부는 정치도 경제도 재일이
> 이면에서 조종하고 있다고 진심으로 믿고 있다.
> 이런 전제에서 볼 때 재특회야말로
> 학대받는 이들의 편이라고 호소하는 것이다.
> (중략) 사회에 불만을 품고 있는 자,
> 불평등에 분노하는 자. 열패감에 고통받는 자.
> 친구를 필요로 하는 자. 돌아갈 곳이 없는 자.
> 재특회는 그런 사람들을 유아등誘蛾燈처럼 끌어당긴다.
> 아니, 어떤 의미에서는 '구제한' 측면도 있는 것
> 아닐까 하고 나는 생각한다."[35]

35 야스다 고이치, 《넷우익과 애국》, 고단샤講談社, 355쪽.

야스다 씨의 《넷우익과 애국》은 다수의 재특회 회원을 직접 취재한 정보에 기초해 대단히 치밀하고 성실하게 쓰인 저작인데, 이 책은 재특회의 운동에 참가하는 사람들이 사회생활을 통해 어떤 불만이나 불안, 문제를 안고 있는 낙오자라는 인상을 심어 주었다. 더 나아가서는 사회불안, 특히 불황과 고용 불안이 배외주의나 헤이트 스피치가 만연하게 하는 원인이라는 오해마저 낳았다.

하지만 최근의 실증적 연구를 통해 이러한 시각은 거의 부정된다. 이를테면 앞서 언급한 히구치 나오토 씨의 《일본형 배외주의》에 따르면, 재특회 계열 배외주의 운동의 주축에는 학력이 낮거나 불안정 고용 상태에 있는 이들뿐만 아니라 정규직, 화이트칼라, 고학력자도 많다고 한다. 실제 '시바키 부대' 비판으로 유명한 넷우익 '지론^{씨論}'은 한때 어느 지자체 아동상담소에서 보호과 주임이라는 요직에 있었다. 나 자신도 재특회 시위에 국가공무원이 참가한 사실을 알고 있으며, 그저 현장을 한번 살펴보는 것만으로도 경제적으로 빈곤한 청년들뿐만 아니라, 노년·중년층들까지 가세해 있음을 어렵지 않게 알 수 있었다. 이는 야스다 씨 스스로도 "(재특회 시위에는) 중학생부터 70대까지 다양한 사람들이 참가한다. 일류 기업의 샐러리맨이 있는가 하면 대학생도 있고, 고교생도 있다. 또는 프리터나 무직인 사람도 있고 가정주부도 있다. 말하자면 '일본사회의 축도'로, 특별히 특정한 속성이나 사람들이 존재하는 게 아니"라고 인정한 바 있다.[36]

36   《저널리즘》, 2013년 11월호, 8쪽.

영화 〈아메리칸 히스토리 X^{American History X}〉[37]에는 미국의 젊은이들이 이민자 유입으로 일자리는 물론, 동네마저 빼앗겨 분통을 터뜨리며 '네오나치'에 가담하는 과정이 묘사된다. 하지만 이와 같은 내용은 일본에는 해당되지 않는다. 애초에 '재일코리안'이 최근 한꺼번에 일본에 '유입'된 것이 아닐 뿐더러, 그들의 존재로 인해 젊은이들이 일자리를 빼앗긴 일도 없기 때문이다.

정치가의 발언과 헤이트 스피치

불황이나 고용 불안이 아니라면, 대체 헤이트 스피치의 원인은 무엇일까. 좀 더 '정치적 맥락'에 대해 생각해 볼 필요가 있지 않을까.

이 점에서 정치적 발언의 영향을 강조하는 것이 후쿠오카현립대학 준교수 오카모토 마사타카^{岡本雅享} 씨다. 오카모토 씨는 "21세기 일본에서 이렇게까지 확산된 헤이트 스피치의 효시는 2000년 4월 이시하라 신타로^{石原慎太郎} 도쿄 도지사의 발언이다. 이 발언이 결과적으로 '용인'된 이후, 정부 고관이나 정치가의 헤이트 스피치가 일본에 횡행하기 시작했으며, 그것이 민간으로 전이된 것으로 보이기 때문이다"라고 단언한다.[38]

오카모토 준교수가 특히 문제를 삼는 것은 이시하라가 2000년 4월 9일 육상자위대 제1사단 창설 기념식전에서 발언한 이하의 내용이다.

---

37   토니 케이^{Tony Kaye} 감독, 1998년.

38   '일본에서의 헤이트 스피치 확대의 원류와 코리아노포비아^{Koreaphobia}', 고바야시 마사키^{小林真生} 편저, 《인종주의와 외국인 혐오》, 아카시쇼텐^{明石書店}, 53쪽.

"현재 도쿄에서는 불법 입국한 다수의 삼국인三國人,
외국인이 대단히 흉악한 범죄를 되풀이하고
있습니다. 그렇다 보니 어느덧 일본의 범죄 형태도
과거와 달라졌지요. 이러한 상황으로
대형 재해가 일어나면 큰 소요사건까지
상정해야 합니다. 여기 대처하는 데에
우리 경찰력만으로는 한계가 있어요. 따라서
이 경우 여러분께 출동하셔서
재난 구조뿐만 아니라 치안 유지 기능 또한
수행해 주시기를 기대하고 있습니다."[39]

이 '이시하라 발언'은 아무리 생각해도 악질적이다.
"대형 재해가 일어났을 시에는 큰 소요사건까지 상정해야"
한다는 부분은 조선인들이 폭동을 일으켰다는 관동대지진 직
후의 유언비어와 겹쳐진다. 수도의 지자체장이 이런 소리를
한 것이다.

이 발언은 내 기억으로도 당시 '이시하라 삼국인 발언'
으로 크게 보도되었다. 예전의 정치가 같았으면 이런 발언을
했다는 것만으로 자리를 내놔야 했을 것이다. 하지만 이시하
라는 어떤 책임 추궁도 당하지 않았다. 이러한 사실을 보면
헤이트 스피치는 이미 해금된 상태라 할 수 있다. 도지사가
헤이트 스피치를 내뱉었는데 보통 사람들이 그런 소리를 하
는 게 뭐가 문제냐고 말할 정도 아닌가.

39   야스다 고이치, 《넷우익과 애국》, 고단샤講談社, 355쪽.

실제로 이시하라 발언 이후 오사카에서는 JR 오사카역 구내 등에서 "오사카의 거리를 더럽히는 삼국인은 일본에서 나가라"는 낙서가 발견되었다. 심지어 도쿄에서는 입국관리국에 "근처에 외국인이 살고 있어 무서우니 잡으러 와 달라"는 전화가 걸려 오거나, 한 독일인 유학생이 "이시하라 도지사가 외국인은 범죄자라고 했다. 너도 범죄자다. 어서 이나라에서 나가라. … 싫으면 죽어 버리던가"라는 협박문을 받는 일도 있었다.[40]

이시하라는 그 후에도 2001년 4월 8일 역시 육상자위대 네리마練馬 주둔지에서 진행된 창립 기념식에서 "불법으로 입국한 다수의 외국인이 비열한 범죄를 반복적으로 저지름에 따라, 도쿄의 치안 자체가 위기에 빠져 있다"면서 확신범의 면모를 드러냈다. 이런 일들이 '이 정도 발언은 해도 괜찮겠다'는 사회적 분위기를 조성했다고 오카모토 준교수는 말한다.

정치가의 영향은 무시할 수 없다. 앞서 말했듯 나는 2004년 4월 이라크에서 세 사람의 일본인이 납치당하는 사건이 있었을 당시 '지원' 변호인단 소속으로 신바시역 앞에서 세 사람의 구조를 요청하는 서명을 모았다. 첫날에는 무척 많은 사람들이 서명을 해주었지만, 자민당 간부가 '자기책임'이라는 발언을 하고 〈요미우리신문〉이 같은 취지의 사설을 게재하자 거리의 분위기는 순식간에 달라졌다. 길 가는 사람들은 서명에 고개를 돌렸고, 심지어 한 중년의 샐러리맨

40   앞의 책, 54쪽.

은 "그런 데 간 게 잘못이지"라고 욕설을 하며 내가 들고 있던 서명 용지를 쳐 땅에 떨어뜨리기도 했다.

2000년이라는 이시하라 발언이 나온 시기에도 주목해야 한다. 당시는 넷우익이 형성된 계기인 '2002년 한·일 월드컵'의 직전 시기에 해당한다. 정치가들의 헤이트 스피치가 사회적으로 용인되어 소위 '시민권'을 획득한 시기. 예비 지식이 없는 일본의 젊은이들은 내셔널리즘에 불타는 한국의 젊은이들과 마주쳤다. 그 당혹감이 '혐한' 혹은 '헤이트 스피치'라는 쉬운 방향으로 흘러가 버렸다 해도 이상할 것은 없다.

그리고 2003년 10월 28일 이시하라는 '도쿄 구출회('북한에 납치된 일본인을 구출하기 위한 전국협의회' 도쿄지부)' 집회에서 한국 병탄을 "100% 정당화할 생각은 없"지만 "결코 무력으로 침범했던 게 아니다. 그들의 총의에 따라 같은 외모를 한 일본인들의 도움을 받기로 하고 세계의 다른 나라들이 합의하는 가운데 합병이 이루어진 것이다. 어느 쪽인가 하면 그들의 선조들 책임"이라며 식민지 지배를 긍정하는 역사수정주의 발언을 했다. 이 발언은 앞서 말한 야마노 사린의 《만화 혐한류》에서도 긍정적으로 다뤄진다. 《만화 혐한류》와 이시하라가 만나는 지점인 것이다.

같은 해 7월 12일에는 중의원 의원 에토 다카미江藤隆美가 후쿠이 시내에서 열린 자민당지부 정기대회 강연에서 "신주쿠의 가부키초는 제3국 사람들이 지배하는 불법 지대다. 최근에는 중국이나 한국, 그리고 그 외 나라에서 온 불법 체류자들이 무리를 지어 강도질을 하고 있다"고 말했으며, 11월 2일에는 마쓰자와 시게후미松沢成文 가나가와 현 지사가 가와사키 시내에서의 선거 응원 연설에서 "중국 등에서 유학이니 뭐니 하면서 비자를 받아 오지만, 실제로는 죄다 좀도둑이고 하나같이 나쁜 짓만 하다 간다"고 말했다.

2003년은 야마노가 《만화 혐한류》를 쓰기 시작하고 사쿠라이가 첫 인터넷 사이트를 개설한 해이기도 하다. 그렇게 보면 야마노도 사쿠라이도 결코 '이단아'가 아니다. 오히려 사회의 주류파가 떠들어 대는 이야기들을 다소 과격하게 써먹었을 뿐인 것이다.

정부의 차별 정책과 반복되는 헤이트 스피치

여기서는 헤이트 스피치에 대해 지금까지 이야기했던 것보다 좀 더 긴 기간에 걸쳐 살펴보도록 하겠다. 반복하지만, 일본의 헤이트 스피치와 헤이트 크라임은 절대 최근 들어 발생한 것이 아니다.

이를테면 1989년 10월 중의원 예산위원회에서 공안조사청 차장이 "조총련(재일본조선인총연합회)은 위험한 존재", "조선학교는 일관되게 반일 교육을 실시하고 있다"고 발언하자, 그 후 20일 동안 전국에서 48회에 걸쳐 64명의 조선학교 여학생들이 폭력·괴롭힘 등의 피해를 입었다.

또 1994년 4월에는 '핵 의혹' 문제와 관련, 정부 관계자가 북한을 비판하고 매스컴이 그 내용을 다루자 이후 7월까지 3개월에 걸쳐 조선학교 여학생이 구타당하거나 치마저고리, 심지어 머리카락까지 잘리는 등의 폭행 사건이 조선학교가 소재한 29개 도도부현都道府県 전역에서 발생했다고 한다. '조선인 학생에 대한 인권침해 조사위원회'[41]에 따르면 그 횟수가 155건에 달한다.

1998년 8월 31일에는 "북한이 일본을 향해 미사일을 발사했다"고 정부가 발표하자 매스컴에서도 연일 관련 내용을 다뤘다. 다음날인 9월 1일부터 10월 26일까지 1개월 반 동안 조선학교에 보고된 학생에 대한 폭행·폭언만 57건 이상이고, 조선학교와 재일조선인 단체에도 수없이 협박 전화가 걸려 왔다고 한다.

그리고 2002년 9월, 북·일 수뇌회담에서 북한이 납치 사건에 관여한 것을 인정하고 이것이 다시 TV 등을 통해 연일 보도되자 전국적으로 조선학교 학생들을 비롯한 재일코리안 아이들을 대상으로 한 폭행·괴롭힘 등이 급증했다. 일본변호사연합회 보고서에 따르면 소장파 변호사들이 관동 지역 소재의 모든 조선학교(21개교) 학생들을 대상으로 설문조사를 실시한 결과, 납치 사건 관련 보도가 나간 후 다섯 명 중 한 명의 학생이 괴롭힘을 당하는 등 피해가 급증했고, 특히 여성이나 저학년처럼 상대적으로 약한 입장에 있는 학생들이 대상이었으며, 중급학교[42] 여학생의 경우 세 사람에 한 명 꼴로 피해를 입은 사실이 드러났다. 괴롭힘의 형태를 살펴보면, 4분의 3이 "조선인 죽어라", "죽여 버리겠다", "조

41   대표 도코이 시게루床井茂 변호사
42   일본의 중학교에 해당. –옮긴이

선말로 지껄이지 마라" 같은 폭언을 들었고, 중급학교 3학년 여학생이 "조선인 같은 건 죽어야 한다"는 폭언과 함께 역의 플랫폼에서 밀쳐지거나, "너 조선인이지"라는 말을 들으며 걷어차이고, 그밖에 역 계단에서 밀기, 구타, 침 뱉기, 저고리 자르기 등 폭행·상해·살인미수·기물손괴 등에 해당하는 범죄 행위에 피해를 입는 경우가 적지 않았다고 한다.[43] 영락없는 헤이트 스피치, 헤이트 크라임 아닐까.

여기서 공통적으로 드러나는 것은 일단 정부와 공인에 의해 국가 간 긴장을 부추기는 발언이나 표현이 나오면, 여기 '선동'당한 민중이 소수자에 대해 헤이트 스피치나 헤이트 크라임을 퍼붓는 패턴이다. 헤이트 스피치의 심층에는 국가 간 긴장과 그것을 부추기는 정치가·관료의 영향이 자리 잡고 있는 것이다.

조금 더 거슬러 올라가 보도록 하자. 여러분은 다음에 인용된 것이 누구의 발언 같은가?

> "우리나라에 영주하는 이민족이 언제까지나 이민족에
> 머무르는 일이, 일종의 소수민족으로서 장래
> 곤란하고 심각한 사회문제가 될 것임이 명확하다.
> 피아쌍방彼我双方의 장래의 생활과 안정을 위해, 이들에
> 대한 동화정책이 강조되어야 할 것이다."

재일 한국·조선인이 이민족인 채로 일본에 머무는 일

---

43   이 부분과 관련해서는 일본변호사연합회 제47회 인권옹호대회 심포지엄 제1분과회 기조 보고서를 참조.

이 장래에 심각한 사회문제가 될 것이라는 이야기다. 이는 사쿠라이 마코토의 발언도, 세토 히로유키瀬戸弘幸(재특회와 제휴 관계인 우파 블로거)의 발언도 아니다. 바로 "조선학교가 우리 사회에서 각종학교의 지위를 부여받을 긍정적 의의를 가졌다고 인정할 수 없다"고 단언한 문부성 차관 통지가 있던 1965년, 통지가 의도하는 바를 언급한 내각조사실 발행《조사월보》7월호에 게재된 내용이다.[44] 이 사상은 오늘날의 조선학교 무상화 제외 등 일련의 차별적 정책에서 그대로 계승되고 있다(이후 조선학교에 대한 각종학교로서의 인가 절차가 진행되고 2000년 4월 기관위임사무제도가 폐지됨에 따라 통지의 효력이 상실되기에 이른다).

재일코리안을 치안의 대상으로 보고, 상생하는 것이 아니라 배제인지 동화인지 선택하게 하는 사상의 원류를 더듬다 보면, 결국 일본이 한반도를 식민지화했던 역사로 거슬러 올라가지 않을 수 없다. 1910년 한반도를 식민지로써 병합한 일본은 1919년 '3·1 독립운동' 이후, '내선융화운동內線融和運動'이라는 명칭의 사실상 동화정책을 실시한다. 1930년대 들어 중일 간의 전선이 확대되자 조선인들을 동원하기 위해 내선일체를 슬로건으로 한 황민화 정책을 강화했고, 1940년에는 창씨개명도 시행했다. 일본 국내에서도 재일조선인의 급격한 증가에 따라 다양한 내선융화 운동이 전개되었다. 그 결과 조선인들은 민족의 언어, 문화, 이름까지 빼앗겼다. 이런 일들에 대해 전후戦後 사죄, 보상, 책임자 추궁 등 어느 것

---

44   마에다 아키라前田朗, 《왜, 지금 헤이트 스피치인가》, 산이치쇼보三一書房, 60쪽.

하나 이루어지지 않았다. 앞서 인용한 《조사월보》의 내용에서 드러나는 사상은 전쟁 중에 시행된 '동화정책'과 그 맥을 완전히 같이한다.

일본의 패전 이후, 1952년 샌프란시스코 강화조약이 발효되자 정부는 법무성 민사국장 통지에 따라 "조선인 및 한국인은 국내 거주자까지 포함해 모두 일본 국적을 상실한다"고 선언하고 구식민지 출신자의 일본 국적을 일방적으로 상실시키는 조치를 취했다. 전후 일본정부는 구식민지 출신자를 영구히 아무 권리도 없는 외국인으로서 출입국관리법과 외국인등록법에 따른 감시와 차별의 대상으로 만들어 놓고, 1981년 난민협약(난민의 지위에 관한 협약) 가입에 따라 관련법이 개정될 때까지 국민연금이나 아동복지수당 등은 국적조항을 설정해서 배제하고, 국민건강보험과 공영주택, 주택금융공고住宅金融公庫 등의 서비스에 대해서도 운용상 배제 원칙을 유지했다. 현재도 재일코리안에 대한 차별은 취직, 주거, 양육 등 여러 분야에서 잔존하고 있다.

조선학교에 대한 차별 정책과 헤이트 스피치

그리고 재일코리안 차별의 상징처럼 되어 있는 것이 조선학교에 대한 차별 정책이다. 일본정부는 패전 직후 재일조선인들이 스스로 설립한 민족 학교를 '조선인도 일본인이니 일본의 학교에 취학의무가 있다'는 이유로 탄압, 강제 폐쇄를 감행했다. 그러다 샌프란시스코 조약 발효로 조선인들이 일본

국적을 상실하자 이번에는 '조선인은 일본인이 아니기 때문에 법적으로 보호받을 수 없다'고 우기면서 재일조선인 자녀의 취학에 대한 국가적 의무를 방기했다.

1955년 조총련이 결성되어 조선학교가 재건되자 일본정부는 앞서 소개한 1965년 문부성 차관 통지에 근거해 조선학교는 각종학교로도 인가해 줄 수 없다는 입장을 취했다. 그 후 지자체의 노력으로 조선학교는 각종학교 인가 절차를 진행, 지자체로부터 교육 조성금을 받기 시작해 어느 정도의 수정이 이루어진다. 그럼에도 문부성은 각종학교로 분류되는 외국인 학교 가운데 구미계나 한국학교, 중화학교, 독일학교, 프랑스학교, 브라질학교 졸업생에게는 일정 조건만 충족시키면 대학 수업 자격을 인정해 주었으면서 조선학교는 그러한 범주에서 배제시키는 등 노골적인 차별 정책을 이어갔다.

심지어 제2차 아베 내각은 2013년 2월, 단지 조선학교를 고교 무상화 대상에서 제외하고자 하는 목적만으로 성령개정省令改正을 진행한다. 이에 따라 중화학교나 인터내셔널 스쿨 등 다른 외국인학교는 '고교 무상화' 법의 적용을 받았지만, 오직 조선학교만 '납치문제에 진전이 없다'는, 학생들에게 아무런 책임이 없는 문제를 이유로 '고교 무상화'에서 배제되었다.

이런 부당한 차별은 지자체에도 확산되어 오사카 부, 도쿄 도, 사이타마 현, 지바 현, 미야기 현, 가나가와 현 등에서 조성금 지급이 중단되는 사태가 일어났다. 또, 2013년

4월 초에는 도쿄 도 마치다^{町田} 시가 이전부터 시내 사립학교에 배포해 왔던 휴대용 방범 버저를 조선학교에만 배포하지 않겠다고 학교 측에 일방적으로 통보하는 사건도 발생했다. (비판을 받자 철회했지만) 이런 일본정부의 방식은 누가 보더라도 '부조리'한 것 아닐까.

재특회가 교토 조선학교를 습격한 것은 우연이 아니다. 조선학교 학생들을 이지메하고 차별하는 것은 '정부 공인'의 행동이며, 그들의 행위가 문제시된 것은 단지 방식이 '좀 과격했기' 때문이다. 그들의 사상과 행동은 일본정부가 종래부터 시행해 온 정책, 그리고 그것을 뒷받침하는 사상과 조금도 다르지 않다. 일본정부를 지지해 온 것은 우리 일본 사회이며, 그들의 사상과 행동은 일본정부의 정책과 정치가들의 발언의 반영이다. 따라서 헤이트 스피치가 만연하게 된 책임은 정부와 정치가들에게 있다고 볼 수밖에 없는 것이다.

아베 정권의 성격

같은 맥락에서 살펴보면 현재 인종주의자 그룹이 득세하는 이유 또한 어렵지 않게 파악된다. 극단적으로 말해 그것이 아베 정권의 성격이기 때문이다.

현 총리 아베 신조는 "헌법상으로는 원자폭탄도 문제될 것 없다(《선데이마이니치》, 2002년 6월 2일 호)", "이른바 A급 전범이라 불리는 분들은 전쟁범죄자가 아니다(2006년 10월 중의원 예산위원회)", "(종군위안부 문제의) 강제성과 관련해 그것을 뒷받침할 만한 증거가 없었다(2007년 3월, 기자단에게)", "주변국에 대한 과도한 배려는 결국 진정한 우호로 이어지지 않았다(〈산케이신문〉 2012년 8월 28일 자)", "센카쿠(조어도) 해역에 요구되는 것은 교섭이 아니라, 오해를 무릅쓰고 말한다면 물리적인 힘(《문예춘추》, 2013년 1월호)" 등 일관되게 이웃 나라들에 대한 호전적 발언을 거듭한 것으로 알려져 있다. 특정비밀보호법, 집단적 자위권의 용인 같은 각의 결정 등, 제2차 아베 정권의 극우적 정책에 대해서는 여기서 굳이 다시 언급할 필요조차 없을 것이다.

한국 측에서도 강경한 움직임이 있었다. 특히 이명박 전 대통령은 2012년 8월 10일 대통령으로서는 처음으로 독도에 상륙했고, 같은 달 14일에는 덴노天皇[45]에게 사죄를 요구했다. 이는 재특회가 '산보'를 하게 되는 직접적 원인으로 작용한다.

아베는 어쩌면 이 시기 자신이 '넷우익'으로부터 기대를 모으고 있다는 사실을 알고 있던 것 아닐까. 그는 심지어 2012년 11월 24일, 도쿄 히비야日比谷 공원 야외음악당에서 열린 '아베 구국 내각 수립! 국민총궐기집회 & 국민대행동'에 직접 참가하기까지 했다. 당시 이 집회에는 아베 외에도 전 항공막료장 다모가미 도시오田母神俊雄나 납치 피해자 가족 연락회 사무국장 마스모토 테루아키增元照明 외에도 대표적 넷우익인 채널 사쿠라チャンネル桜[46]의 미즈시마 사토루水島総 등이 참가했다. 그 자리에서 아베 신조는 청중을 향해 "채널 사쿠라도 만들어졌다시피, 이제는 인터넷이 있습니다. 여러분, 인터넷에

45   천황. 이 책에서는 '왕 중의 왕'이 아니라 '일본이라는 국가의 상징적 수장이자 민족 신앙인 신도神道의 수장'이라는 의미에서 고유명사로 취급, 일본어 독음을 그대로 썼다. – 옮긴이
46   극우 성향 인터넷 방송. – 옮긴이

서 함께 여론을 변화시키지 않으시겠습니까. 다같이 일본을 위해 싸웁시다"라고 호소했다. 야스다 고이치 씨에 따르면 아베의 연설에 많은 재특회 회원들이 호응하며 응원의 뜻으로 일장기를 흔들었다고 한다.

제2차 아베 내각이 성립된 것은 2012년 12월 26일. 인종주의자들은 필시 속이 후련해지는 느낌이었을 것이다. 재특회 도쿄지부가 신오쿠보에서 최초의 시위 '한류에 제동을! 반일 무죄의 한국 타도를 위한 국민대행진 in 신오쿠보'를 진행한 것은 그로부터 2주 뒤인 2013년 1월 12일의 일이다.

아베는 제2차 아베 정권을 구성한 이후에도 '무라야마 담화' 관련 질문에 대해 "침략이라는 정의는 학계 차원에서든 국제적 차원에서든 확정된 바 없다(2013년 4월 23일, 참의원 예산위원회)"면서 식민지 지배의 위법성을 부정한다고밖에 볼 수 없는 발언을 일삼았다. 심지어 2013년 12월 26일에는 중국과 한국으로부터 항의가 있으리라는 것을 예상하면서도 일부러 야스쿠니 신사를 공식 참배했다. 이에 한일 관계는 최악으로 냉각되었고, 정상회담도 아베 취임 이후 내내 이뤄지지 않다가 2014년 3월 25일이 되어서야 오바마Barack Obama 미국 대통령의 주도로 한미일 3국 정상회담이 실현되었다.

아베 정권에서 국가공안위원장으로 취임한 야마타니 에리코山谷えり子는 재특회 멤버와 같이 찍은 사진이 존재한다는 지적을 받았다. 2014년 9월 25일 외국특파원협회와 가진 회견에서 야마타니는 '재일 특권'의 존재에 대한 질문을 받았

고, 이를 부정하지 않았다. 심지어 《선데이마이니치》 10월 5일 자는 이나다 도모미稻田朋美, 다카이치 사나에高市早苗 등 자민당 간부들과 재특회 및 주변 단체의 연계에 대해 상세히 보도하기도 했는데, 그리 놀랄 일도 아니라는 것이 세간의 분위기였다.

또한 2014년 종전 기념일 정부가 주최한 전국 전몰자 추모식의 총리 인사에서 아베는 전년도와 마찬가지로 '아시아 국가들에 대한 가해를 반성'하는 내용을 언급하지 않았다. 그리고 같은 달 5일, 재특회는 히로시마의 평화 기념 공원에서 이른바 '반일 좌익의 횡포를 절대 용서치 말라! 히로시마 결전'이라는 타이틀의 거리 선전을 진행했다. 원폭 돔 근처에 있는 다리에서 재특회 관계자들은 피폭자 단체 사람들을 향해 "쓰레기 같은 좌익은 꺼져! 평화를 원한다고? 장난하나? 핵도 없이 뭘 어쩌게? 피폭당한 할매, 할배도 다 살아 있다고!" 등의 폭언을 쏟아 냈고, 사쿠라이 마코토도 "작년에 90살 넘은 인간이 자기가 피폭자라고 말하더라고. 그러니까 방사능이 얼마나 몸에 좋다는 얘기냔 말이지. 내일도 많은 할매, 할배들이 좌익 활동을 할 겁니다. 피폭당한 할매, 할배들이 그렇게 정정하다니, 이상하지 않습니까"라고 목청을 높였다고 한다. 정부 수반이 국민에게 잘못된 메시지를 발신하니 국민도 여기 충실히 반응하는 것이다. 사쿠라이 마코토의 폭언은 우경화의 언덕에서 뒹굴고 있는 오늘날 일본 정치의 상황을 그대로 반영한 것이다.

5 정리

간단히 정리해 보자.

작금의 헤이트 스피치의 근저에 있는 사상은 2000년대 전반 만화, 인터넷 같은 서브컬처에서 형성된 '반한'·'혐한' 사상이 그 원류다. 이것이 역사수정주의와 결합되었고, 원래 '한국'이라는 나라를 공격 대상으로 하다가, 그 언설의 일부이던 '재일 특권' 주장이 확대됨으로써 여기에 특화된 단체가 탄생하게 된다. 이것이 바로 재특회다.

그럼 이런 헤이트 스피치 단체, 배외주의 단체가 횡행하게 되는 원인은 무엇일까. 사회불안과 빈곤 문제만으로는 문제를 정확하게 포착해 낼 수 없다. 오히려 1980년대까지 거슬러 올라가다 보면, 정부, 정치가, 매스컴 등에 의한 차별 선동이 이뤄지고, 여기 뒤따르는 민중들이 헤이트 크라임, 헤이트 스피치를 하게 되는 패턴이 발견된다.

결국 헤이트 스피치 만연의 책임은 정치가의 차별 발언과 정부의 차별 정책에 있다 하겠다.

헤이트 스피치의 심층에는 무엇이 있나

3장
헤이트 스피치는 법으로 규제될 수 있을까?

1 문제의 소재와 논점의 정리

헤이트 스피치는 법으로 규제될 수 있을까, 혹은 법으로 규제해야 하는 것일까. 특히 형벌을 동반하는 법적 규제는 헌법 21조가 보장하는 '표현의 자유 보장' 규정을 위반하는 게 아닐까. 여기서는 이 부분에 대해 다뤄 보고자 한다.

우선 이 책의 입장을 먼저 명확히 해 두는 편이 이해에 도움을 줄 수 있을 것이다. 이 책은 헤이트 스피치는 소수자가 사회에서 '자신의 민족적 정체성을 보유하면서 살아갈 권리'를 침해하기 때문에 법적인 규제가 필요하며, 헌법 21조의 규정에 비추어 보더라도 이를 법적으로 규제하는 것이 가능하다는 입장에 서 있다. 다만, 법적 규제의 효과에는 '한계'가 있으므로 규제보다 교육과 계몽이 중요하며, 무엇보다 헤이트 스피치를 유발하는 정치가의 발언과 정부의 차별 정책을 시정하는 것이 중요하다.

또한 이 책은 법적 규제의 범람으로 인한 '폐해'를 우려하는 모든 사람들과 입장을 같이한다. 특히 민주주의와 인권사상에 적의를 가진 아베 자민당 정권하에서는 그 '폐해'에 대해 강한 경계심을 가져야 할 필요가 있다. 이런 맥락에서 법적 규제를 위한 구체적 방침으로서 우선 벌칙이 수반되는 '차별금지기본법'을 만들고, 입법사실을 조사한 후 구체적 규제수단과 관련해서는 충분한 시간을 할애해 논의·연구를 진행해야 한다고 본다. 이는 모로오카 야스코 변호사 등 법적 규제를 주장하는 많은 논자들이 제시하는 방법이기도 하다.[47]

헤이트 스피치 규제에 대해 논할 때는 혼선을 방지하기 위해 ① 법적 규제는 필요한가의 문제(규제의 '필요성')와 ② 법적 규제가 헌법적으로 허용될 수 있을 것인가의 문제(규제의 '허용성'), ③ 법적 규제의 효과가 있을까(규제의 '효과'), ④ 남용의 위험은 없는가의 문제(법적 규제의 '폐해') 등의 내용에 따라 각각 논의를 나누어 전개할 필요가 있다.

이 책은 규제의 '필요성' 및 '허용성'에 대해서는 긍정하지만, 규제의 '효과'에 대해선 다소 의문을 갖고 있으며, 규제의 '폐해'에 대해서도 우려하고 있다. 하지만 법적 규제에도 어느 정도 '효과'가 있고, 이것이 '폐해'에 따른 불이익을 상회하기 때문에 적어도 법적 규제라는 '옵션'을 포기하게 해서는 안 된다는 의미에서 결론적으로 법적 규제를 긍정하는 것이다. 물론 규제의 '효과'는 작고 '폐해'는 크다면서 법적 규제에 반대하는 사람도 있을 것이다. 이 책이 취하고 있는 입장은 그런 사람들의 입장과 종이 한 장 차이다.

앞서 언급한 네 가지 중 ① '규제의 필요성'과 관련해서는 1장, 2장을 읽었다면 딱히 설명을 덧붙일 필요가 없을 거라 생각한다. 단지 법률가들 중 일부는 헤이트 스피치가 현행법으로도 규제 가능하기 때문에 법적 규제가 필요 없다는 주장도 하고 있는 것으로 안다. 하지만 그것은 오해다. 여기서 말하는 헤이트 스피치는 애초부터 불특정 다수의 사람들

47　《세카이世界》 2014년 11월 호 등.

에 대한 차별 표현인 바, 불특정인에 대한 차별적 표현은 형법상 명예훼손죄로 처벌할 수 없고,[48] 민법상의 불법행위로 제소할 수도 없다.[49] 이론상 협박죄로는 규제가 가능할 듯 보이지만 내 경험에 따르면 피해자가 특정되지 않은 협박 행위에 대한 피해 신고를 경찰이 수리해 준 적은 없었다. 따라서 '헤이트 스피치는 현행법으로 대처해 볼 만하다'는 견해는 착각에 불과하다.

　　이 장에서는 우선, 관련 국제규약과 각국의 움직임을 소개하고 위의 네 가지 구분 가운데 ② '허용성' 문제와 ③ 규제의 '효과' 문제에 대해 논할 것이다. 또한 ④ 법적 규제의 '폐해' 문제는 다음 장에서 따로 다루고자 한다.

48　오야 미노루大谷實, 《형법강의 각론》 제4판 보정판, 세이분도成文堂, 149쪽, 대판大判 1926년 3월 24일 형집刑集 5권, 117쪽.

49　이시하라 도지사의 '여편네' 발언에 관한 도쿄지방재판소 2002년 와ワ 제27940호 손해배상 등 청구 사건의 2005년 판결.

2　국제인권협약

먼저, 이 논의를 처음 접해 보는 사람들을 위해 관련 국제조
약을 소개하겠다.

일본이 비준한 국제조약 가운데 헤이트 스피치 규제와
관련된 것은 다음 두 가지이다.

자유권 규약

(1966년 채택, 일본은 1979년 가입, 가입국 167개국)

제20조

1 전쟁을 위한 모든 선전을 법률로 금지한다.

2 차별, 적의 또는 폭력을 선동하는 민족적,

인종적 또는 종교적 증오의 고취를 법률로 금지한다.

인종차별 철폐 협약

(1965년 채택, 일본은 1995년 가입, 가입국 175개국)

제4조

체약국締約国은 어떤 인종이나 특정 피부색 또는 특정한

종족적 기원을 가진 인간의 집단이 우월하다는

사상이나 이론에 근거를 두고 있거나, 또는 (어떠한

형태로든) 인종적 증오 및 차별을 정당화하거나

증진시키려 시도하는 모든 선전과 모든 단체를

앞의 '자유권 규약'은 금지해야 할 헤이트 스피치의 범위를 '차별, 적의 또는 폭력을 선동하는 국민적 인종적 또는 종교적 증오의 고취'로 규정하고, 그 대상에 '종교'에 의한 차별까지를 포함시켰다. 또한 금지해야 할 대상에 '전쟁을 위한 모든 선전'이 포함되어 있으므로, 금지해야 할 발언의 범위 또한 대단히 넓어진다. 단, 규제 수단에 대해서는 '법률로 금지한다'고 언급하고 있을 뿐, '형벌'까지 명시적으로 요구하고 있는 것은 아니다.

후자의 '인종차별 철폐 협약'은 규제해야 할 헤이트 스피치의 범위를 '인종차별'로 설정하고, 제1조에서 '인종차별'이란 '인종, 피부색, 가문 또는 민족이나 종족적 출신에 근거를 둔 어떠한 구별, 배제, 제한 또는 우선권을 말하며, 이는 정치적, 경제적, 사회적, 문화적 또는 기타 어떠한 공적 생활의 분야에 있어서든 평등한 인권과 기본적 자유의 인정, 향유 또는 행사를 막거나 침해하려는 목적 또는 효과를 가지고 있는 것'이라 정의하고 있기 때문에 그 범위가 인권규약보다 좁고, 이를테면 '종교에 따른 차별'은 여기 포함되지 않는다.

한편, 인종차별 철폐 협약 4조의 내용 중 다음 부분은 자주 화제가 된다.

체약국은 세계 인권 선언에 구현된 원칙 및 이
협약 제5조가 명시적으로 규정하는 권리를 충분히
고려하고, 특히 다음의 내용을 준수한다.
(a) 인종적 우월성이나 증오에 근거를 둔 모든 사상의
유포, 인종, 피부색이나 종족의 기원이 상이한 인간
집단에 대한 폭력행위나 기타 행위에 대한 선동, 또한
인종주의에 근거한 활동에 대해 자금지원을 포함,
어떠한 원조의 제공에 대해서도 법률적으로 처벌해야
할 범죄로 선언할 것.
(b) 인종차별을 조장 · 선동하는 조직적 선전활동 및
기타 모든 선전활동을 불법으로 선언하고 금지하며,
이러한 단체 및 활동에 대한 참가를 법률적으로
처벌해야 할 범죄로 인정할 것.

인종차별 철폐 협약의 이 부분은 헤이트 스피치 가운
데 인종차별에 근거한 것을 단적으로 '범죄'로 규정해 '처벌'
할 것을 요구한다. 따라서 가입국인 일본은 특별한 이유가 없
는 한 이를 실행해야만 한다.

그런 맥락에서 볼 때 사쿠라이 마코토는 2012년 8월
25일 신오쿠보의 이케멘도리에서 "착한 한국인, 나쁜 한국인
같은 건 없다. 다 죽여 버려"라고 외쳤는데, 여기서 조선인은
조선 '민족'이므로 이 발언은 '민족'성을 이유로 한 '배제'이며,
조약 제1조의 '인종차별'에 해당한다. 또한 이는 인종차별에

근거한 폭력 선동이므로 조약 4조의 (a)에 해당하기 때문에 범죄로서 처벌을 받아야 한다.

그런데도 일본정부는 '일본국은 모든 형태의 인종차별 철폐에 관한 국제협약 제4조의 (a) 및 (b)의 규정을 적용함에 있어, [세계 인권 선언에 구현된 원칙 및 이 협약 제5조가 명시적으로 규정하는 권리를 충분히 고려]해야 한다는 점에 유념하고, 일본국 헌법이 보장하는 집회, 결사 및 표현의 자유, 기타 권리를 저촉하지 않는 한도 내에서의, 규정에 따른 의무 이행'을 '유보'하고 있다. 쉽게 말해 헤이트 스피치에 대해 범죄로서 규제할 것을 요구하는 제4조 (a) 및 (b)가 헌법 21조에 반할 가능성이 있다면서 일본에서는 이 내용을 적용하지 않는다는 것이다. 지금도 일본정부는 이와 관련해 다음과 같은 입장을 유지하고 있다.

> "인종차별 사상의 유포에 대해 정당한 언론까지도
> 부당하게 위축시키는 위험까지 감수하며 처벌 입법
> 조치를 취하는 일을 검토해야 할 만큼, 현재의 일본이
> 인종차별 사상의 유포와 인종차별 선동이 이루어지는
> 상황이라고 생각하지 않는다."
> 일본정부의 인종차별 철폐 위원회에 대한 제7회·제8회·제9회
> 정부보고, 2013년 1월

이 책을 1장부터 순서대로 읽었다면 누구나 일본정부

의 저런 주장이 분명한 '거짓말'임을 알 수 있을 것이다. 일본국 헌법은 98조 2항을 통해 '일본국이 체결한 조약 및 확립된 국제법규를 성실히 준수할 것'을 규정하고 있다. 국제사회에서 '거짓말'을 하고 국제법상의 의무를 지지 않는 것은 조약에 위배되는 일일 뿐만 아니라 헌법도 위반하는 것이다.

3 외국의 입법 사례

독일

다음으로 외국의 입법 사례를 살펴보겠다. 여기서 반복적으로 인용되는 것은 독일의 이른바 '민중선동죄 (Volksverhetzung)'규정이다. 말할 필요도 없이 독일의 민중선동죄는 나치스의 홀로코스트 범죄에 대한 깊은 반성에 입각해 있다.

독일 형법 130조 1항(민중선동죄)

1항 공공의 안녕을 어지럽히는 형태로 주민의 일부에
대한 증오를 부추기거나 이에 대한 폭력적, 또는
자의적恣意的 조치를 도모하는 행위(를 처벌한다)

2항 주민의 일부나 국적, 민족, 종교 혹은 그
민족성으로 특정되는 집단을 향한 증오를 부추기는
문서, 폭력적 또는 자의적 조치를 유발하는
문서, 혹은 주민의 일부나 이에 해당하는 집단을
악의적으로 경멸 · 중상함으로써 타인의 인간적
존엄을 공격하는 문서를 반포, 공연히 진열하는 등의
행위를 하는 자(를 처벌한다)

3항 공공의 안녕을 어지럽히는 형태로 공연히, 또는
집회에서 홀로코스트에 상당하는 나치스 지배하에서

이루어진 행위를 긍정하거나 혹은 그 존재를 부정·
축소하는 자(를 처벌한다)
4항 공연히 또는 집회에서 피해자의 존엄을 침해하는
형태로 나치스의 폭력지배나 자의적 지배를
긍정하거나 찬미·정당화함으로써 공공의 안전을
어지럽히는 자(를 처벌한다)

1항은 공공장소에서의 헤이트 스피치, 2항은 문서에
의한 헤이트 스피치, 3항과 4항은 이른바 '아우슈비츠의 거
짓말(Auschwitzlüge: 나치스 정권하 홀로코스트 등의 사실을 부정하
는 것)'을 처벌한다는 내용이다. 1항의 특징은 다양한 헤이트
스피치를 모두 처벌하는 것이 아니라 그중에서 '공공의 평화
를 어지럽히는 형태로' 이루어진 것으로 대상을 한정한다는
것이다. 2항에는 '공공의 안녕' 대신 '인간의 존엄'을 공격하
는 것이 그 요건으로 설정된다. 단순한 매도나 중상으로는 죄
가 성립되지 않는다는 것이다. 또한 '인간의 존엄에 대한 공
격'이란, '그 집단의 구성원이 인격적 발전의 중요한 영역을
침해받음으로써 헌법상의 평등 원칙이 경시되고 가치가 낮은
인물로 취급되어, 공동체에서의 불가침한 생존권이 의문시되
거나 상대화되는 경우'로 정의되는, 구체적으로 나치스 시절
유대인 학살에 이용된 프로파간다를 연상시키는 것이라고 한
다.[50]
3항·4항의 '아우슈비츠의 거짓말'에 관한 규정에 있

---

50   사쿠라바 오사무櫻庭総, 《독일의 민중선동죄와 과거 극복》, 후쿠무라슛판福村出版,
      166쪽부터.

어서도 또한 '공공의 안녕을 어지럽히는 형태'라든가 '공연히 또는 집회에서' 등 처벌 범위를 상정하고 있다는 것에 주의할 필요가 있다.

민중선동죄의 가장 큰 문제는 피해자의 범위를 '주민의 일부'라고만 규정하고 있는 까닭에, 대단히 넓은 범위의 표현에 규제가 가해질 수 있다는 점이다. 사쿠라바의 앞의 책(《독일의 민중선동죄와 과거 극복》)에 따르면 '주민의 일부'에는 가톨릭, 프로테스탄트, 유대인, 독일 거주 이국인, 강제이주자, 난민 신청자, 가스트아르바이터Gastarbeiter51, 유학생, 집시, 노동자, 공무원, 재판관, 경찰관, 독일 연방군(Bundeswehr) 병사 등이 해당된다고 한다. 하지만 이 정도라면 그 범위가 지나치게 넓어 정부에 대한 정당한 비판까지 규제될 가능성이 있다.

이와 관련해 종종 제시되는 것이 1991년 걸프전쟁 당시 '병사는 살인자'라는 글을 썼다가 제소를 당한 평화운동가의 사례. 그는 결국 "'독일 연방군 병사는 살인자'라는 표현은 형법 130조 민중선동죄에 해당하지만, 그저 '병사는 살인자'라는 표현까지 문제 삼을 수는 없다"는 이유로 무죄판결을 받았다. 그러나 역시 의문이 남는다. '연방군 병사는 살인자'라는 표현도 정당한 언론으로 인정받을 수 있어야 하기 때문이다. 이러한 점에서 볼 때 독일의 규제를 그대로 가져오는 것에는 신중을 기할 필요가 있다.

---

51 귀화하지 않은 외국인 노동자. - 옮긴이

영국

영국의 헤이트 스피치 규제법도 공공질서의 보호를 목적으로 하는 공공질서법(Public Order Act, 1936년) 안에 포함되어 있다. 1986년 개정법을 보면 '피부색, 인종·민족적 배경, 또는 출신 국적'을 이유로 가해지는 '협박성, 천시하거나 모욕적인' 언동이나 문서를 통해 증오를 부추기려는 의도를 가진 것, 또는 그러한 가능성이 있는 행위에 대한 처벌이 명시되어 있다. 영국에서의 인종·민족 관련 헤이트 스피치 규제는 '증오를 부추기려는 의도'나 '그 효과' 중 어느 것 한 가지라도 입증될 경우, 즉시 이루어질 수 있다.

2006년 제정된 '인종 및 종교적 혐오 방지법(The Racial and Religious Hatred Act)'의 경우, 종교적 이유에 따른 헤이트 스피치를 규제하는 법이지만 단순히 모욕적인 표현이 아니라 '협박적인 언동'만을 처벌하고 있다. 또한 이 법률에서는 헤이트 스피치의 요건으로 '증오를 부추기려는 의도'가 반드시 입증되어야만 한다. 이처럼 영국에서는 같은 헤이트 스피치일지라도 '인종·민족' 혹은 '종교'에 따라 그 처벌 범위의 차이가 발생한다는 점이 흥미롭다.[52]

영국의 헤이트 스피치 규제는 '공공질서법' 안에 포함되어 있으며, '증오를 부추기고 있는지의 여부'라는 엄격한 요건을 부과하기에 그 보호법익保護法益[53]이 '공공의 안녕'이라고 봐야 한다. 그렇다 보니 이 요건을 충족시키지 못하는 공인이나 거대미디어의 헤이트 스피치는 처벌하지 못하는가 하면,

---

52   모로오카 야스코, 앞의 책, 94쪽.

53   어떤 법의 규정이 보호하려고 하는 이익. ─옮긴이

도리어 소수자의 정부·사회 비판을 처벌하는 데 남용되는 사례가 지적되기도 한다.[54]

　　이상의 내용으로 알 수 있듯 헤이트 스피치의 처벌 근거나 보호법익을 어떻게 설정할 것인지는 대단히 중요하다. 그로 인해 처벌범위가 달라지기 때문이다. 나중에 이야기하겠지만 만약 일본에서 헤이트 스피치 규제법이 만들어진다면 그 보호법익은 '공공의 안녕'이 아닌 '소수자 인권'이 되어야 할 것이다.

프랑스

프랑스는 '자유의 나라'라는 인상과 별개로 1822년부터 헤이트 스피치 규제를 시행하고 있다. 오늘날의 프랑스 형법은 '그 사람의 출신 또는 특정 민족 집단, 국민, 인종 또는 종교의 구성원이라는 것'에 근거해 '개인 또는 집단에 대한 공개되지 않은 중상이나 모욕', '젠더, 성적 지향, 장애를 근거로 한 공개되지 않은 중상이나 모욕' 등을 처벌한다. 여기서 주목할 것은 프랑스 형법이 '공개되지 않은' 중상, 모욕에조차 법적 제재를 가하고 있다는 점이다.[55] 또한 프랑스는 독일과 마찬가지로 '아우슈비츠의 거짓말'에 대한 처벌규정도 가지고 있다.

　　가수 밥 딜런Bob Dylan이 《롤링 스톤Rolling Stone》(프랑스어 판)과의 인터뷰에서 "흑인이 KKKKu Klux Klan나 노예 주인의 후손을 알아보듯, 유대인이 나치를 알아보고 세르비아인이 크로

54　　앞의 책, 101쪽.
55　　마에다 아키라 블로그 '마에다 Blog', 2013년 4월 18일.

아티아인을 알아본다"고 말했다가 증오를 부추긴다는 혐의로 프랑스 당국으로부터 기소되어 형사처분을 받은 사건(2013년 12월)은 일본인들을 놀라게 한 바 있다.

하지만 이토록 헤이트 스피치에 엄격한 프랑스에서도 처벌을 받게 되는 '중상과 모욕'은 단지 '모욕'만으로는 그 요건을 충족시키지 못하며 '선동'에 상당하는 악질적인 것들로 제한되어 있다는 사실에 주목할 필요가 있다. 그 예로 2001년 작가 미셸 우엘벡Michel Houellebecq이 이슬람교에 대해 "멍청하다", "위험하다"고 한 발언이 '선동에 해당하지 않는다'는 이유로 무죄가 되었던 사례가 있다.[56]

프랑스의 규제는 공개되지 않은 사적인 대화에도 통제를 가한다는 특징이 있는데, 너무 엄격하다는 느낌도 없지 않다. 헤이트 스피치 규제의 보호법익이 '소수자 인권'이라면 소수자끼리의 사적 대화에까지 규제를 가하는 것은 지나칠 수 있기 때문이다.

캐나다

캐나다 형법은 헤이트 스피치를 다음 세 단계로 나누어 처벌하고 있다.

> 형법 제318조 1항(제노사이드의 고취)
> 제노사이드를 고취, 또는 조장하는 모든 자
> 형법 제319조 1항(증오의 공적 선동)

---

56   아케도 다카히로, '헤이트 스피치 규제 논쟁의 구도', 《WEBRONZA》, 2014년 1월 24일.

어떤 공공의 장소에서 전달이 가능한 발언을
함으로써, 어떤 식별 가능한 집단에 대한 증오를
선동하는 모든 자(해당 선동이 치안의 문란으로 이어질
가능성이 높을 때의 처벌)
2 (고의에 의한 증오의 조장)
전달 가능한 발언(사적 대화의 경우 제외)을 통해 어떤
식별 가능한 집단에 대한 증오를 조장하는 모든 자

한편, 캐나다 형법 319조 3항은 이러한 범죄에 대해
검찰 측이 범죄사실에 대한 입증을 마친 경우라 할지라도 변
호인 측에서 ① 전달된 발언이 진실이라는 것이나, ② 발언자
가 종교적 문제에 대한 견해 등에 충실하다는 것, ③ 발언한
내용이 공익상의 문제와 관련해서 진실이라는 것을 합리적
이유에 근거해 믿고 있었다는 등의 사실이 입증된다면, 처벌
을 면할 수 있도록 규정하고 있다. 법률용어로 이것을 '항변'
이라고 한다.

이러한 캐나다 형법의 규정 방식은 일본의 명예훼손
죄와 무척 유사하다. 즉, 일본 형법 230조의 2는 명예훼손에
대해 발언 내용이 공공의 이해에 관한 사실로서 공공의 목적
을 가지고 있다면, 그 발언이 진실일 경우 처벌하지 않는다고
되어 있다. 심지어 판례를 보면 진실성을 증명하지 못했던 경
우라도 그 취지가 확실한 자료·근거에 기초한 사실을 진실이
라고 오인한 경우, 고의성이 결여된 것으로 판단, 처벌을 받

지 않게 되어 있다.[57]

　　캐나다 형법은 헤이트 스피치의 범주를 '공적인 것(사적인 대화를 제외한 것)'으로 좁히고, 일본 형법과 마찬가지로 항변을 인정함으로써 표현의 자유와 균형을 취하고 있다. 이러한 규정 방식은 무척 참고가 되므로 일본에서의 논의를 진행할 경우 하나의 시안으로 상정할 수 있을 것이다.

57　　최대판룓大휘 1969년 6월 25일 형집 23권 7호, 975쪽.

4 미국의 특수성과 보편성

미국에서의 인종차별 철폐 노력

미국은 헤이트 스피치 규제가 없는 나라로 소개되는 일이 많다. 그 자체는 틀린 이야기가 아니지만 그렇다고 해서 인종차별 철폐를 위한 미국의 노력이 유럽보다 뒤처지는 것은 아니다.

미국은 인종차별 철폐를 위한 공민권 운동(Civil Rights Movement)의 빛나는 역사를 가지고 있다. 공민권 운동은 1950년대부터 1960년대에 걸쳐 아프리카계 미국인들이 공민권 적용과 인종차별 해소를 요구하며 벌인 대중운동이다. 1955년 12월에 앨라배마 주 몽고메리에서 흑인 여성 로자 파크스Rosa Parks가 '백인 전용 및 우선 좌석'에 앉았다는 이유로 체포, 투옥되는 일이 일어났고, 여기 항의하는 마틴 루터 킹 목사가 버스 승차 거부 운동을 주도한 사건은 유명하다. 그후 공민권 운동은 레스토랑의 백인 전용석에 앉는 '싯인' 운동과 인종 격리 원칙에 따라 운영되던 버스에 흑인과 백인이 함께 올라타는 프리덤 라이더스Freedom Riders 운동, 인종 분리를 시행하던 학교로부터 흑인 학생이 입학을 인정받은 리틀록 센트럴 고등학교Little Rock Central High School 사건 등을 거치면서 1963년 '워싱턴 대행진'에 이르러 최고조에 달했다. 결국 1964년 미국정부는 공민권법(Civil Rights Act)을 제정함으로써 투표의 안전 보장 외에도, 도서관 등 공공시설, 호텔, 음식점 등 민간시설에서의 차별 금지, 공교육에서의 차별 금지, 균등한 고용기회 보장 등을 위한 기준을 마련했다.

아울러 차별적 동기에 근거한 범죄(헤이트 크라임)에 대처하기 위해 연방정부가 헤이트 크라임을 소추하는 'KKK법'을 1968년에 제정하는가 하면, 1990년에는 연방수사국(FBI)이 인종, 종교, 장애, 성적 지향, 민족에 대한 편견으로 인한 범죄 정보에 대해 자료 수집을 진행하도록 하는 헤이트 크라임 통계법(The Hate Crime Statistics Act)을 제정했다. 또한 1994년에는 헤이트 크라임을 통상적인 범죄보다 무겁게 처벌하는 법률을 제정하는 등 인종 및 기타 차별에 근거한 범죄를 엄격히 단속하고 있다.

공민권 운동과 이후의 미국 흑인 역사를 간략하게나마 알아보고 싶다면 영화 〈버틀러: 대통령의 집사(The Butler)〉[58] 도 참고할 만하다. 포레스트 휘태커Forest Whitaker가 분한 집사의 눈을 통해 미국 흑인의 역사를 거슬러 올라가다 보면 인종차별 철폐의 역사가 이를 위해 맞선 용기 있는 사람들의 역사였음을 깨닫고 감동하게 된다. 이 영화가 개봉 첫 주말에 2460만 달러의 흥행수입을 올리며 박스오피스 1위를 기록한 것을 보면, 평균적인 미국인들도 차별 철폐를 위한 미국 흑인들의 운동에 공감을 표하고 있다는 사실을 어렴풋이나마 엿볼 수 있다 하겠다. 또한 이런 미국사회의 인종차별에 관한 의식이 유럽에 비해 뒤떨어져 있다고는 결코 말할 수 없을 것이다.

58   리 다니엘스Lee Daniels 감독, 2013년.

헤이트 스피치 규제를 위헌으로 규정한 판례의 등장

하지만 재미있는 것은 흑인들이 공민권 운동에서 승리하고 인종차별이 해소되어 가던 그 시기에, 미국에서 헤이트 스피치 규제를 위헌으로 규정한 판례가 계속 등장했다는 사실이다.

우선 1969년에 있었던 브란덴버그^{Brandenburg} 사건이 그 예다. KKK 멤버가 연설에서 "유대인들을 이스라엘로 돌려보내라", "니그로^{Negro}(스페인·포르투갈어에서 유래한 용어로, 미국에서 흑인을 낮춰 부르는 말. - 옮긴이)를 매장해 버려라" 등의 발언을 했다가 오하이오 주 생디칼리즘^{Syndicalism} 금지법에 따라 기소된 이 사건에서, 연방재판소는 "비록 폭력이나 불법적인 수단의 사용을 옹호하는 말일지라도, 즉각적인 불법 행위를 선동해서 그런 사태가 실제로 벌어질 만한 상황이 아닌 한, 주 당국은 이를 금지할 수 없다"면서 무죄를 선고했다. 이 원칙은 '브란덴버그 법리'로 불리며 일본의 헌법 교과서에도 등장하지만, 그 사안까지 소개하고 있는 예는 드물다.

다음이 1978년 일어난 스코키^{Skokie} 사건이다. 네오나치당이 다수의 유대계 주민이 거주하던 일리노이 주 스코키라는 마을에서 반유대인 집회를 하겠다고 나서자, 마을 측이 집회관련 조례를 급하게 허가제로 바꾸면서 문제가 되었다. 하지만 당시 일리노이 주 대법원은 "수정헌법 1조에 의거, 정부는 표적이 된 상대를 불쾌한 언동으로부터 보호해야 하지만, 이는 발화자가 가정이라는 사생활로서 보호받는 영역에 침입한 경우, 혹은 곤란해 하는 청중이 이 상황을 피해갈 수 없는 경우로 제한되어야 한다", "결론적으로, 기획되어 있던 시위 행위를 제재하기 위해 조례를 적용한 것은 용납될 수 없다. 지나치게 과도하며 광범위하다는 비난을 면할 수 없다"면서 마을의 조례를 무효화시켜, 결국 네오나치당은 집회를 결행하고 말았다.

그럼 현재 미국은 헤이트 스피치를 방치하고 있는 것일까? 그렇지는 않다. 1980년대 미국에서는 대학과 기업 등을 중심으로 헤이트 스피치를 규제하려는 자주적인 움직임이 대거 일어났다. 그중 일부는 법정에서 무효 판결을 받는 등 진통을 겪기도 했지만, 헤이트 스피치가 용납될 수 없다는 사회적 합의 자체는 미국 시민들에게 널리 확산되었다. 애초에 '헤이트 스피치'라는 말 자체도 미국에서 태어났다.

이러한 자주적 규제의 대표사례로 들 수 있는 것이 2014년 4월 29일 미국 프로 농구 협회(National Basketball Association, NBA)가 인종차별 발언을 이유로 인기 팀 클리퍼스LA Clippers의 구단주 도널드 스털링Donald Sterling을 영구 제명하고, 최고액인 250만 달러의 벌금을 부과한 사건이다. 스털링은 한 여성과의 사적인 대화에서 "흑인과 같이 찍은 사진을 공개하는 건 매우 불쾌하다", "이스라엘에 가 보라. 흑인은 개 취급을 당한다"는 등의 발언을 했는데, 반향이 일파만파로 번져 오바마 대통령이 '무지하고 극단적인 차별 발언'이라는 성명까지 발표했고, 많은 스타 선수들이 너도나도 항의의 목소리를 높이는 바람에 끝내는 구단 스폰서들이 줄줄이 계약

해지를 결정하게 되었다고 한다.[59]

미국에는 왜 헤이트 스피치 규제가 없을까

그럼 왜 미국에는 헤이트 스피치를 금지하는 법률이 없을까. 미국의 법사상法思想을 잘 드러내 주는 말로서 반복적으로 인용되는 것이 1919년 앨라배마 재판의 판결에서 "진리의 가장 좋은 시험대는 시장의 경쟁 속에서 수용될 수 있는 사상의 힘"이라고 덧붙인 올리버 홈스Oliver Wendell Holmes 재판관의 말이다. 이는 경제활동의 자유를 인정하면 시장에서 좋은 상품이 살아남는 것처럼, 언론의 자유를 보장하면 '사상의 자유시장'에서 '진리'가 살아남는다는 의미다. 즉, '사상의 자유시장'이라는 사고방식으로부터 '공공의 안전에 명백하고 현존하는 위험이 없는 한, 언론의 자유는 제약을 받지 않는다'는 '명백하고 현존하는 위험(Clear and Present Danger)의 법리'가 도출된 것이다.

하지만 정작 미국에서 헤이트 스피치가 규제되지 않는 주된 이유가 이런 법사상의 영향 때문은 아닐 것이다. 애초에 홈스 재판관이 이 의견을 제출한 것은 1919년의 일로 당시 미국은 노동운동 등에 대한 탄압이 심했으며, 재판소도 이를 추인하고 있었다. 미국의 역사를 문자 그대로 민중적 시각에서 통찰하는 《미국민중사(A People's History of the United States)》의 작가 하워드 진Howard Zinn은 자신의 책에서 방첩법(Espionage Act)에 의한 사회주의자 탄압을 '명백하고 현존하

59   사와후지 토이치로澤藤統一郎 블로그 '사와토 토이치로의 헌법일기',
      2014년 4월 30일.

는 위험의 법리'로 정당화한 홈스 재판관을 강하게 비판한 바 있다.[60] 이러한 점을 볼 때 홈스를 마치 '자유의 기수'인 양 치켜세우는 일은 위험하다.

그럼 미국에서 헤이트 스피치법이 성립되지 않은 이유는 무엇일까. 이와 관련해서 미들베리Middlebury대학 교수 에릭 블레이쉬Erik Bleich의 다음과 같은 지적은 중요하다.

1960년대까지 유대계 지식인들은 나치즘을 미국사회에 뿌리를 내리지 못한, '위협이라기보다 그저 성가신 골칫거리'에 불과하다고 보았다. 따라서 집단에 대한 명예훼손 금지법은 그것이 초래할 이익보다 위험이 훨씬 클 것이라는 계산에 따라 유태계 커뮤니티 내부의 지지를 근본적으로 상실하게 되었다. 1960년대가 되어서는 공민권 운동과 반전 운동도 언론 자유의 원칙에 대해 유태계 커뮤니티와 마찬가지의 태도를 보이게 되었다. 아프리카계 미국인들은 … 백인우월주의적인 법에 저항하기 위해 폭넓은 비판이 가능한 언론을 허용하는 법률이 필요했기 때문이다. (중략) 아울러 베트남전쟁에 반대하던 반전운동가들(그 일부는 공민권 운동에도 참여하고 있었다) 또한 정부 정책에 대해 반대 활동을 할 자유를 요구했다.[61]

---

60   위의 책 하권, 아카시쇼텐, 14~15쪽.
61   《헤이트 스피치》, 아카시쇼텐, 135쪽부터.

당시 미국의 사회운동가들은 헤이트 스피치 규제로 얻을 수 있는 이익보다 그 폐해(정부가 언론탄압의 도구로 이용할 위험성)를 더 중시했던 것이다. 이는 매우 흥미로운 설명이다. 미국시민자유연맹(ACLU) 같은 자유주의 단체가 스코키 사건을 계기로 네오나치당 편에 서게 되었던 일도 이러한 맥락에서 보면 설명이 가능해진다.

영화 〈말콤 X^Malcolm X〉[62]는 말콤 X의 다음과 같은 발언으로 시작된다.

> "형제자매여! 나와 함께 백인들의 죄를 물읍시다!
> 백인들은 사상 최대의 살인자요, 유괴범입니다.
> 백인들은 끊임없이 평화와 질서를 파괴했으며,
> 혼란이 뒤를 이었습니다. 저는 백인을 사상 최대의
> 유괴범이자 살인자로 고발하며! 강도범이자
> 노예상인으로 고발합니다! 백인들은 이 세상
> 누구보다 더러운 돼지를 많이 먹어치우고!
> 폭음하며, 취해 비틀거리는 자들입니다!
> 그자들이 이것을 부정할 수 있을까요.
> 우리가 바로 모든 것을 목도해 온 산증인입니다!"

말콤 X는 킹 목사와 어깨를 나란히 하는 공민권 운동의 리더지만, 위에 인용한 것 같은 격렬한 백인 비판 발언으로 유명했다. 동시대의 영국이었다면 이런 발언은 헤이트 스

62   스파이크 리Spike Lee 감독, 1992년.

피치라며 용납될 수 없었을지도 모른다(그는 1965년 사망했다). 미국인들이 이런 발언에 대한 규제를 꺼려 헤이트 스피치를 법적으로 규제하는 것에 반대했다고 본다면, 미국의 상황을 이해하기가 그리 어렵지만은 않을 것이다.

　　한편 미국의 연방 대법원은 헤이트 스피치 규제에 대해 일반적으로 위헌이라 간주하지만, 그것이 '협박'에 해당할 경우 헤이트 크라임으로 엄중히 처벌해도 헌법에 반하지 않는다는 입장을 취하고 있었다는 데 주의할 필요가 있다. 즉, 미국 연방 대법원은 1992년의 R·A·V 사건에서는 아프리카계 미국 시민의 집 정원에서 십자가를 불태운 행위를 헤이트 크라임으로 처벌한 미네소타 주 세인트폴St. Paul 시 조례가 위헌이라고 결론내렸지만, 2003년 버지니아 재판에서는 동일한 행위를 처벌한 조례의 일부를 합헌으로 규정했다. 후자는 십자가를 불태우는 행위가 역사적으로 흑인을 박해하는 데 이용된 상징적 행위이므로 '협박'에 해당하고, 해당 조례는 대상을 특정 집단으로 한정해 놓지 않았기 때문에 1992년의 사안과 다르다는 것이 이유였다. 이처럼 미국의 연방 대법원도 표현의 자유와 헤이트 스피치 규제의 미묘한 경계 위에서 줄타기를 하고 있는 것이다.

정리

위에서 살펴본 바와 같이 미국에서는 헤이트 스피치에 대한 규제가 따로 없지만, 인종차별은 공민권법으로 광범위하게 금지하고 있으며, 헤이트 크라임을 엄격하게 처벌하는 법제 또한 확립해 놓고 있다. 또한 헤이트 스피치를 사회악으로 여기는 인식 또한 정착되어 있기 때문에, 헤이트 스피치가 방치되고 있는 것이 아니다. 에릭 블레이쉬가 지적하는 것처럼 법적 규제가 존재하지 않는 것이 공민권운동가나 반전운동가가 헤이트 스피치 규제를 통해 얻을 수 있는 이익보다 폐해(정부가 언론탄압의 도구로 악용할 위험성)를 중시했기 때문이라는 점을 생각한다면, 이를 '틀렸다'고 말할 수 없다. 그 나름의 올바른 정치적 판단이었기 때문이다.

때문에 유럽이나 캐나다 등에서와 같은 규제를 금과옥조로 여기며 헤이트 스피치 규제가 없는 미국을 비판하는 것은 오류이며, 그 반대의 경우 또한 마찬가지다. '유럽형'이든 '미국형'이든 그 나름의 역사적 배경이 존재한다는 점을 이해하고, 일본 또한 나름의 역사적 사실들에 주목하면서 대응 방안을 마련하는 것이 중요하다.

5 헤이트 스피치 규제는 헌법에 반하는가?

리버럴Liberal 원칙이란 무엇인가?

다음으로 이른바 헤이트 스피치 규제가 표현의 자유를 보장하는 일본국 헌법에 반하지 않는지 검토해 보도록 하자.

굳이 언급할 필요도 없겠지만, 일본국 헌법은 그 21조 1항에 '집회, 결사 및 언론, 출판, 기타 모든 표현의 자유 보장'을 규정하고 있다. 표현의 자유 보장은 민주주의 사회의 불가결한 조건이다. 민주주의 사회는 정치·과학·역사·예술의 모든 분야에서 시민의 자유로운 대화와 논의를 통해 비로소 성립된다. 국가가 특정한 의견 표명을 법률로 금지하는 사회는 민주 사회가 아니다.

헤이트 스피치도 '스피치(언론)'인 이상, 특정한 표현 혹은 언론에 해당한다. 그러니 헤이트 스피치 규제는 헌법이 보장하는 '표현의 자유'를 침해하는 위헌·위법인가?

여기서 유의해야 할 사실은 아무리 '표현의 자유'라 할지라도 무제약無制約이 전제된 것은 아니라는 점이다. 현행법상으로도 이를테면 협박죄, 명예훼손, 모욕죄, 외설물 반포에 대해서는 형사법이 적용되며, 사생활 권리 침해에 해당하는 표현의 경우 민사 규제의 대상(구체적으로는 민법에 근거한 손해배상 등)이 된다. 이를 헌법 위반으로 보는 견해는 거의 없다.

그럼 이러한 '표현의 자유에 대한 제약'은 헌법의 시각에서 볼 때 어떻게 이해될 수 있을까. 우선 헌법 13조를 보면, '생명, 자유 및 행복 추구에 대한 국민의 권리는 공공의 복지에 반하지 않는 한, 입법 및 기타 국정상 최대한 존중되어야 한다'고 되어 있으므로, 국민의 권리는 어디까지나 '공공의 복지에 반하지 않는 한' 보장되는 것이다. 이를 헌법학에서는 '공공의 복지' 차원에서 '인권 상호 간의 모순·충돌을 조정하기 위한 실질적 공평의 원리'로 이해하고 있다.[63] 즉, 어떤 사람의 기본적 인권은 타인의 기본적 인권과 '모순·충돌하는 경우'에만 제약을 받을 수 있다는 것이다. '모든 국민은 개인으로서 존중되어야' 하므로, 개인의 인권은 이를테면 '사회의 질서'라든가 '공공의 질서와 선량한 풍속', '거리의 경관 보호' 같은 애매한 이유로 제한을 받아서는 안 된다. 이러한 원칙을 이 책에서는 '리버럴의 원칙'이라 부르기로 한다.

예를 들어 보자. A라는 사람이 도로를 점거하고 행진 시위를 하려 한다. 한편, B도 같은 날 같은 장소에서의 행진 시위를 계획하고 있다. A의 '표현의 자유'도 B의 '표현의 자유'도 똑같이 소중하지만, 도로는 하나밖에 없기 때문에 두 사람 중 누군가는 자제를 할 수밖에 없다. 구체적으로는 먼저 집회신고를 한쪽의 '표현의 자유'가 우선되고, 다른 한쪽의 '표현의 자유'는 제한을 받게 된다. 이것이 '인권 상호 간의 모순·충돌을 조정하는 일'의 의미다.

한편, 기본적 인권이 '사회의 질서'를 위해 제약당하는 것은 용납될 수 없으므로, 이를테면 A가 신청한 시위가 '시끄

63   아시베 노부요시芦部信喜, 《헌법》 제5판, 이와나미쇼텐, 100쪽.

럽다'든가 '교통에 방해가 된다', 혹은 '거리의 경관을 해친다'
는 이유만으로 금지될 수는 없다.

'리버럴의 원칙'은 근대 시민혁명 사상이 그 원류다.
1789년 프랑스 인권선언 4조는 '자유란 타인을 해치지 않는
한 모든 행위를 할 수 있는 자유를 의미한다'고 규정하고 있
으며, 존 스튜어트 밀John Stuart Mill은 1859년 출판한 《자유론》에
서 "문명사회 구성원들의 의지를 거슬러 권력을 행사할 수 있
는 유일한 근거는 다른 사람들에게 미칠 수 있는 피해를 막는
다는 것"[64]이라고 말한 바 있다.

리버럴의 원칙을 지키는 일은 대단히 중요하다. 메이
지明治헌법[65]에서 기본적 인권은 '법률의 범위'에서만 인정되었
기 때문에 법률이 인정하기만 하면 얼마든지 제한이 가해질
수 있었다. 오늘날 일본의 헌법에서도 이를테면 '공공의 안
전'이나 '사회 질서' 같은 애매한 말로 인권이 제한받는다면
메이지헌법 아래에서 인권이 제한받았던 것과 마찬가지의 상
태가 될 것이다. 따라서 리버럴의 원칙을 지키는 일은 민주주
의 생명선이라 해도 과언이 아니다.

앞서 언급한 '표현의 자유에 대한 제약' 또한 어디까지
나 '리버럴의 원칙'과의 관계 속에서 검토되어야 한다. 예컨
대 '죽여 버리겠다'는 '표현'은 '생명과 신체의 안전'이라는 타
인의 기본적 인권과 모순·충돌하기 때문이 이를 협박죄로 규
제하더라도 '리버럴의 원칙'에 위배되지 않는다. 또, 명예훼
손이나 사생활 침해에 해당하는 표현도 명예권(한 사람에 대한

---

64   이와나미분코岩波文庫, 24쪽.
65   1889년 2월 11일 공포되어 1890년 11월 29일에 시행된 근대 입헌주의에 기초한 일본
      최초의 헌법. '대일본제국헌법'이라고도 부른다. - 옮긴이

사회적 평가)이 사생활권이라는 타자의 기본적 인권과 모순·충돌하므로, 이를 법적으로 규제해도 '리버럴의 원칙'에 위배되지 않는 것이다. 또한 명예훼손과 관련해서는 앞서 말한 바와 같이 형법 230조의 2에서 대상의 공익성과 공익을 도모하려는 목적이 있다면 표현의 진실성을 입증해 처벌을 면하도록 규정함으로써 표현의 자유와 균형을 꾀하고 있다.

여기서 헌법이 보장하는 인권이 '개인의 인권'이라는 것에 주목할 필요가 있다. 민족이라든가 인종이라는 '집단'에 '인권'을 부여해서는 안 된다. 민족이나 인종에 인권을 인정해 버리면 그것이 자체적으로 진화해 언젠가, 이를테면 개인의 인권이 민족의 인권에 의해 제약을 당하는 등의 도착적 상황에 직면할 우려가 있기 때문이다.

외설 표현의 규제는 어떨까. 나는 이 부분에 대해 모순·충돌하는 타자의 기본적 인권이 없기 때문에 현재로서는 헌법 위반으로 볼 수밖에 없다고 생각한다. 다만 외설물로 정말 규제되어야 할 것이 있다면, 무엇보다 여성에 대한 폭력이나 차별을 조장하는 표현을 들고 싶다. 예컨대 '여자는 강간에서 쾌감을 느낀다' 같은 말은 차별 표현인 동시에 여성의 인권을 짓밟는 헤이트 스피치라 할 수 있다. 한편 2014년 여름에 여성 성기의 모양을 본뜬 작품이 외설물에 해당한다는 이유로 체포된 예술가 로쿠데나시코^{ろくでなし子} 씨 같은 경우, 애초에 타자의 인권과 모순·충돌하지 않기 때문에 그 행위를 처벌할 필요는 없다. 이처럼 헤이트 스피치 규제와 병행해 외

설물 반포 등의 죄(외설물진열죄)와 관련해서도 처벌 범위를 재검토하는 것이 어떨까.

자기의 민족적 정체성을 지켜 갈 권리

이처럼 '리버럴의 원칙'을 현행법상의 원칙으로 인정하고, 표현의 자유를 제한할 수 있는 것은 '다른 사람의 기본적 인권과 모순·충돌하는 경우뿐'이라고 이해할 경우, 헤이트 스피치 규제에 대해서는 어떻게 이해하면 좋을까. 내 의견은 다음과 같다.

'조선인 꺼져라', '몰아내자', '바퀴벌레', '일본의 풍기를 어지럽히는 조선인들' 같은 헤이트 스피치는, 일견 민족이라는 집단의 이익을 침해하는 것처럼 보일 수 있다. 그러나 '재일코리안'이란 그에 속하는 각 개인들의 정체성이다. 즉, '재일코리안'이라는 이유로 그 사람들에 대한 폭력이나 배제를 선동하거나 심한 모욕을 가하는 것은, 대상이 되는 재일코리안 개인의 정체성에 대한 권리를 침해한다. '개인의 권리'와 '민족의 권리'와의 관계를 생각하는 데 힌트가 될 만한 판결이 있다. 홋카이도에서 니부타니二風谷라는 아이누アイヌ, Aйны 민족[66] 문화의 상징인 토지 수용을 둘러싸고 재판이 벌어졌는데, 이것이 이른바 '니부타니댐 판결'이다.[67]

판결은 "모든 국민은 개인으로서 존중된다. 생명, 자유 및 행복추구에 대한 국민의 권리에 대해서는, 공공의 복지에 반하지 않는 한 입법 및 기타 국정상 최대의 존중을 필요

---

[66] 일본의 홋카이도와 러시아의 사할린, 쿠릴 열도 등지에 분포하는 소수 민족.
      ─ 옮긴이
[67] 삿포로지방재판소 1997년 3월 27일 판결 《판례타임스》 938호, 75쪽.

로 한다"고 규정한 헌법 13조를 인용하며 다음과 같이 기술
했다.

> 소수민족에게 있어서 민족 고유의 문화는
> 다수민족에게 동화되지 않고 그 민족성을 지켜
> 나가게 하는 본질적인 것이므로 그 민족에 속한
> 개인에게 있어 민족 고유의 문화를 향유할 권리는
> 자기의 인격적 생존에 필요한 권리라고 할 만큼
> 중요하며, 이를 보장하는 것은 개인을
> 실질적으로 존중하는 일에 해당함과 동시에
> 다수자가 사회적 약자의 입장을 이해하고 존중하는
> 민주주의의 이념에 부합하는 일로 사료된다. (중략)
> 그렇다면 원고는 헌법 13조에 따라,
> 그에 속한 소수민족인 아이누 민족 고유의 문화를
> 향유할 권리를 보장받고 있음을 알 수 있다.

'니부타니댐 판결'은 헌법 13조에 대한 해석으로서 민
족 고유의 문화를 향유할 권리를 헌법상의, 개인의 권리로 인
정했다. 또한 여기서 특히 주목해야 할 말이 '인격적 생존'이
다. 헌법은 제25조를 통해 '건강하고 문화적인 최저한도의 생
활을 영위할 권리' 즉, 생존권을 보장하지만 사람이 사람으로
서 살아가는 데에 그것만으론 부족하다. 사람은 자기답게 살
고, 행동하며, 그렇듯 자기답게 사는 일이 사회적으로 받아들

여지지 않는다면 '인간다운' 삶이 불가능해진다. 인격적 생존권이란 인격적 자율권이라고도 불리는[68] 사람이 사람으로서 자기답게 살 권리를 말하며, 이를 헌법 13조가 '행복추구권'으로 보장하고 있다는 것이 헌법학적 견해다. 인격적 생존권에는 명예권이나 사생활권 등이 포함된다.

　　니부타니댐 판결에는 '민족 고유의 문화를 향유할 권리'라는 말이 등장하는데, 이는 이 판결이 '소수민족에게 있어서 민족 고유의 문화는 다수민족에 동화되지 않고 그 민족성을 유지하는 본질적인 것'이라고 간주함으로써, '고유의 문화를 향유할 권리'라는 전제로서 '다수민족에 동화되지 않고 그 민족성을 유지할' 권리를 상정하고 있다는 점을 보여준다. 나는 이것을 **'자기의 민족적 정체성을 지켜 갈 권리'**라고 해석한다. 그리고 판례의 이론을 채용하려면 '자기의 민족적 정체성을 지켜 갈 권리'를 존중하는 것은 '그 민족에 속한 개인'의 인격적 존재에 불가결한 권리라 할 수 있을 만큼 중요하므로, 헌법 13조에 따라 보장되어야 한다는 해석이 가능하다.

헤이트 스피치는 민족적 정체성을 지켜 갈 권리를 침해한다

그럼 헤이트 스피치가 '민족적 정체성을 지켜 갈 권리'를 침해하는 것은 아닐까.

　　'조선인을 몰살시켜라', '조선인을 몰아내자', '조선인은 바퀴벌레' 등의 헤이트 스피치는 단순히 개인을 모욕하는

68　　사토 고지, 《헌법》 제3판, 세이린쇼인青林書院, 455쪽부터.

데서 그치지 않는다. 또한 생명, 신체에 대한 위협을 암시하는 것과도 다르다. 이러한 발언은 **특정한 속성을 가진 사람들을 위협하고 멸시함으로써 일본사회로부터 배제하려는 것을 특징으로 한다.**

따라서 우선 '조선인을 몰아내자', '조선인을 쫓아내라' 같은 표현은 청중에게 재일코리안 배제를 호소·선동하는 것이다. 또 '재일코리안을 몰살시켜라'라는 표현은 살인 등의 해악을 고지함으로써 재일코리안들을 일본사회로부터 배제하려는 것이다. 아울러 '조선인은 바퀴벌레' 같은 표현은 단순히 재일코리안들의 명예를 훼손한다기보다 그런 표현을 사용함으로써 '인간 이하의 존재'로 낙인찍고, 일본에서의 생존을 불가능하거나 현격히 곤란하게 만드는 것을 목적으로 하는 언동이다. 더 나아가 '조선인 아이들은 스파이의 자식들'이라는 표현도 그 대상이 되는 아이들이 일본사회에서 조선인으로서 살아가는 것을 불가능하거나 현격히 곤란하게 만드는 것을 목적으로 하는 언동이며, 또한 일본사회로부터 배제하기 위한 언동이다.

이처럼 특정한 속성을 가진 사람들을 일본사회에서 배제하는 것을 목적으로 한 언동은 당연히 대상이 되는 사람들이 일본사회에서 그 정체성을 지키며 생존할 권리와 충돌한다. 헤이트 스피치를 하는 쪽의 '표현의 자유'와 '자기의 민족적 정체성을 지켜 갈 권리'는 결국 양립이 불가능하며, 모순·충돌할 수밖에 없는 것이다.

헤이트 스피치 규제는 헌법 위반이 아니다

그렇다면 헤이트 스피치를 하는 쪽의 '표현의 자유'와 헤이트 스피치를 당하는 쪽의 '자기의 민족적 정체성을 지켜 갈 권리'가 양립할 수 없을 때, 어느 쪽을 우선해야 할까.

예를 들어 사쿠라이 마코토는 2012년 8월 25일 신오쿠보 이케멘도리에서 "조선 가게에서 물건을 사는 놈은 일본인이 아니야", "착한 조선인 나쁜 조선인이 어디 있나. 조선인은 다 죽여라! 재일조선인들을 몰살시켜라!"라고 부르짖었다. 또한 자신의 책에서 그런 운동의 목적에 대해 "재특회는 애초부터 '출입국 관리 특례법의 폐지'를 기본 방침으로 한다. 이것이 실현된다면 다른 문제가 있다 하더라도 일단 재특회를 해산할 것이다"[69]라고 기술했다. 그러나 출입국 관리 특례법 폐지를 호소하기 위해 '조선인 가게에서 물건을 사는 놈은 일본인이 아니다'라든가 '착한 조선인 나쁜 조선인이 어디 있나. 조선인은 다 죽여라! 재일조선인들을 몰살시켜라!' 등을 부르짖을 필요는 전혀 없으며, 그저 '출입국 관리 특례법을 폐지하라'고 하면 끝날 일이다. 따라서 이런 발언을 규제하더라도 사쿠라이가 받게 될 실질적 불이익은 없다. 마찬가지로 교토 조선학교 습격 사건과 관련해 재특회는 조선학교의 인근 공원 부지 무허가 사용에 항의하기 위해 사건을 일으켰다고 주장하지만, 정말 공원 부지 사용이 문제였다면 그 사실을 지적하는 것만으로 충분했다. 따라서 가령 헤이트 스피치가 규제된다 하더라도, 사쿠라이 마코토나 재특회 쪽에서

---

69   《재특회란 '재일 특권을 용납하지 않는 시민 모임'의 명칭입니다!》, 세이린도, 43쪽.

정말 정치적인 주장만을 할 생각이라면 어떤 불이익도 없을 것이 분명하다.

앞서 우리는 2장을 통해 헤이트 스피치가 '언어 폭력'이며, 피해자에게 심대한 피해를 입힌다는 것을 확인할 수 있었다. 헤이트 스피치는 사회로부터의 배제이며 피해자가 자기의 정체성을 지키면서 사회에서 생존해 나갈 권리를 침해한다. '자기의 민족적 정체성을 지켜 갈 권리'는 명예권이나 사생활권과 같은 인격적 생존권인 동시에 소중한 권리이다. 사람이 자기답게 살아가는 일이 사회적으로 받아들여지지 않는다면 '인간다운' 삶이 불가능해지기 때문이다.

우리는 앞에서 표현의 자유도 타인의 명예권이나 사생활권과 관련해 제한될 수 있다는 것을 살펴보았다. 표현의 자유가 명예권과 사생활권과의 경계에서 제약을 받을 수 있다면 '자기의 민족적 정체성을 지켜 갈 권리'를 침해하는 중대한 헤이트 스피치를 법률로 규제하더라도 헌법 위반은 아닐 것이다. 특히, 표현자가 진지한 정치적 주장을 하는 한 헤이트 스피치가 규제되더라도 실질적 불이익이 없다는 점은 재론의 여지가 없다. 이러한 해석은 인권의 제약을 타인의 인권과 모순·충돌하는 경우로 한정하는 '리버럴의 원칙'에도 위배되지 않는다.

이상의 논의를 통해 우리는 헤이트 스피치 규제가 헌법 21조에 반하지 않고 헌법상으로 허용될 수 있다는 결론을 내릴 수 있다.

6 헤이트 스피치를 어떻게 규제할 것인가?

그럼 구체적으로 헤이트 스피치를 어떻게 규제할 것인가 하는 점에 대해서는 이제 막 논의가 시작된 것이 현실이므로 이 장에서는 그 대략적인 가이드라인만 제시해 보고자 한다.

차별금지기본법의 제정

우선 헤이트 스피치는 소수자의 '자기의 민족적 정체성을 지켜 갈 권리'를 보장하기 위해 금지될 수 있다. 다시 말해 헤이트 스피치 규제법의 보호법익이 스스로의 정체성을 지키려는 소수자의 권리라는 점이 중요하다는 것이다.

이 점을 명확하게 하기 위해 헤이트 스피치 규제는 형법으로 정할 것이 아니라, 우선 미국의 공민권법처럼 고용·교육, 사회생활 전반에 걸친 차별을 금지하는 '차별금지기본법'을 제정하고, 그 안에 벌칙이 없는 헤이트 스피치 금지 규정을 설치하는 것이 바람직하리라 본다. 그러한 연후에 규제해야 할 대상으로 무엇이 있을지 조사·연구를 진행하는 것이다. 변호사 모로오카 야스코 씨 등 법적 규제를 주장하는 많은 사람들이 제시하는 방법이다.

벌칙이 없을망정 헤이트 스피치가 '불법'이라고 선전하는 것에는 중요한 의미가 있다. 헤이트 스피치가 '불법적인 것'이라면 현행법의 해석에도 영향을 미치며 현장에서의 항의가 보다 용이해지기 때문이다.

'차별금지기본법'은 이미 시안이 존재한다. 일변련이 2004년 10월 제47회 인권옹호대회 심포지엄 기조 보고를 통해 '다민족·다문화 공생 사회를 지향하며'라는 제목의 보고서를 발표했는데, 이 보고서에 '외국인·민족적 소수자의 인권 기본법 요강 시안'이 게재되었다. 인터넷으로 공개되어 찾아보기 어렵지 않다.

아베 신조 총리는 헤이트 스피치에 대해 '일본의 긍지를 해친다'고 거듭 지적했다. 그러나 리버럴의 원칙을 견지하는 우리의 입장에선 '일본의 긍지'가 헤이트 스피치 규제법의 보호법익일 수는 없다는 점을 강조하고 싶다.

위법으로 규정해야 할 헤이트 스피치의 범위

규제의 대상이 될 헤이트 스피치는 소수자의 '자기의 민족적 정체성을 지켜 갈 권리'를 침해할 정도로 심각한 것이어야 한다.

따라서 구체적으로 이를 ① 폭력이나 제노사이드를 선동하는 헤이트 스피치와 ② 그 외의 헤이트 스피치로 나누어 논의하는 것이 유효하다. 전자는 예를 들어 '조선인을 때려죽여라', '조선인을 몰살시켜라' 같은 것들로서 특히 악질적이기 때문에 예외 없이 불법으로 규정해야 한다.

후자와 관련해서는 **특히 소수자들을 사회로부터 배**

제하려는 표현이 불법으로 규정되어야 할 것이다. 이를테면 '조선인을 몰아내자', '쫓아내라', '너희 나라로 돌아가라'든가 '바퀴벌레, 송충이, 살 가치가 없는 조선인' 같은 것들이 이에 해당한다. 이 점과 관련해서는 독일 형법이 규제의 요건으로 전제하는 '인간의 존엄에 대한 공격'에 대해 '그 집단의 구성원이 인격적 발전의 중요한 영역을 침해받음으로써 헌법상의 평등 원칙이 경시되고 가치가 낮은 인물로 취급되어 공동체에서의 불가침한 생존권이 의문시되거나 상대화되는 경우'를 참고할 수 있을 것이다.

위에서 살펴본 것처럼 규제의 대상과 관련한 논의는 이제 막 시작된 참이다. 이 책에 인용해 놓은 여러 가지 헤이트 스피치를 참고해 앞으로 논의가 좀 더 구체화될 수 있기를 바란다.

형사 규제는 최후의 수단이어야 한다

법적 규제에는 민사 규제, 행정 규제, 형사 규제의 세 종류가 있다.

먼저 민사 규제는 기존의 민법 규정에 근거해 금지나 손해배상 청구처럼 피해자가 가해자를 특정해 소를 제기해야만 하는데, 별로 실효성이 없다고 생각된다. 인종주의자는 익명성의 그늘에 숨어 실명이나 주소를 감추고 음지에서 헤이트 스피치를 쏟아내는 경우가 일반적이기 때문이다. 또한 재특회를 지지하는 인종주의자들은 확신범이라 '대화'에 응할 생각 자체를 하지 않기 때문에 그들에게 강제력이 없는 '조정' 같은 제도를 적용하는 것은 실효성이 없다. 앞으로의 논의를 기대한다.

다음은 행정 규제로 인권위원회 같은 국가인권기구 (National Human Rights Institutions)를 만들어 차별 중지 '권고'를 내는 방법을 고려할 수 있다. 다만 이 경우에도 벌칙이 없는 '권고'에 어느 정도의 실효성을 부여할지가 초점이 된다.

어쨌든 분명한 점은 형사 규제는 최후의 수단이 되어야만 한다는 것이다. 표현의 자유에 대한 제약이 지나치게 커질 수 있기 때문이다. 구체적으로는 폭력이나 제노사이드 선동 등 극히 악질적인 경우로 한정해야 할 것이다.

7 법적 규제는 얼마나 효과가 있을까?

지금까지 살펴본 바와 같이 헤이트 스피치 규제의 '효과'에 한계 또한 분명히 존재한다는 사실을 지적하지 않을 수 없다. 예로 들 수 있는 것이 바로 '잠재화'다. 잠재화란 '차별'이 법적 규제로 인해 표면적으로는 해소된 것처럼 보일지라도 실제로는 해소되지 않고 경우에 따라 더욱 심각해지는 것을 가리킨다.

실제로 나는 이 '잠재화'의 사례라 할 만한 사태를 목격했다. 2013년 3월 나는 재특회의 시위를 촬영해 두기 위해 비디오카메라를 준비했다. 사쿠라이 마코토가 '조선인을 죽여라'라고 외치면 즉시 협박죄로 형사 고발을 진행할 생각이었기 때문이다. 하지만 그럴 수 없었다. 3월 16일의 〈아사히신문〉 보도 등으로 사회적 비판에 직면한 그들이 '죽여라' 운운하는 구호를 생략했기 때문이다.

법적 규제가 이루어져도 아마 같은 일이 일어날 것이다. 차별 시위가 법망을 피해 형식적으로는 '합법적인' 시위로 조직될 것이기 때문이다. 재특회는 이미 '납치 피해자 귀환 요구 시위'라든가 '통명제도 반대 시위', 혹은 '생활보고 적정화 시위' 등과 같이 표면적으로는 정책적 요구를 표방하는 시위를 진행하고 있다. 이런 '시위'를 완전히 배제시키는 법률을 제정하기란 불가능하다.

그럼 다른 나라의 경우는 어떨까.

우선 법적으로는 헤이트 스피치나 헤이트 크라임을 엄격히 규제하는 독일에서도 극우 헤이트 스피치 단체인 네오나치가 근절되지 않고 있다. 연방헌법옹호청(BfV)의 조사에 따르면, 독일 전국의 극우 지지자 수는 2만2000명 이상(2012년 말)이며 통계로 잡히지 않는 잠재적 네오나치나, 극우까지는 아닐지라도 외국인을 적대시하는 일반 시민까지 포함시키면 그 규모가 더욱 확대될 것이라고 한다. 재독 저널리스트 다나카 미카田中聖香 씨에 따르면, 축구장에서 열광적인 축구 팬들을 대상으로 네오나치 조직원 모집이 이루어져 동성애자 선수나 흑인 외국인 선수를 적대시하는 젊은이들이 상대 팀 선수를 향해 '니거Nigger', '검정돼지' 등의 욕설을 퍼붓는 사건도 있었다고 한다. 또한 노인 복지 시설에서는 치매에 걸린 입소자가 외국 출신의 스태프를 향해 '폴란드 돼지새끼', '너 같은 건 가스실 행이야'라고 욕을 하는 장면을 어렵지 않게 볼 수 있다고 한다.[70]

프랑스에서도 '표현의 자유를 침해하더라도 헤이트 스피치를 금지해야 하는가?' 하는 논의가 이어지고 있다.

재불 저널리스트인 프라도 나츠키プラド夏樹 씨가 전하는 바에 따르면[71] 2013년 12월 19일 코미디언 디외도네 음발라 음발라Dieudonne M'Bala M'Bala는 무대 위에서 유태계 저널리스트에 대해 "그 사람이 하는 소리를 듣고 있으면… 그 왜, 가스실

70   '차별을 넘어서려면 – 독일에서 본 엄격한 법규와 뿌리깊은 우익사상', 《WEBRONZA》, 2014년 1월 29일.
71   '반유태주의? – 헤이트 스피치 만담으로 들썩이는 프랑스', 《WEBRONZA》, 2014년 1월 23일.

있잖아… 유감이야"라고 말했다. 프랑스 내무부 장관은 이 발언에 '가스실이 있었다면 보내버리고 싶다'는 의미가 담겨 있다고 간주, 디외도네의 원맨쇼에 공연 금지 처분을 내리는 절차를 검토 중이라고 발표했다. 그런데 이 발표가 나오자마자 디외도네의 원맨쇼 인터넷 동영상 접속자 수가 급격히 증가하는가 하면 '쿠네르Quenelle'라 불리는 특유의 제스처(나치 식 경례와 손가락 욕을 결합시킨 것)가 유행하게 되었다고 한다.

프라도 나츠키 씨는 "디외도네의 원맨쇼 금지 처분이 오히려 그의 인기 상승에 다대한 공헌을 했던 일이나, 하교 길의 아이들이 '쿠네르' 사인을 하며 배꼽을 잡는 모습을 보노라면, 온갖 헤이트 스피치를 법으로 금지하는 탄압 정책의 효과에 대해 회의적일 수밖에 없다"고 술회한다.

이처럼 헤이트 스피치에 대한 법적 규제는 필요하지만 그 효과엔 일정한 한계가 있다. 그 이유를 단적으로 표현하면 사람의 마음까지 법률로 바꿀 수는 없기 때문이라는 말로 정리할 수 있겠다. 차별적인 '표현'을 규제할 수는 있어도 차별적인 '생각'까지 규제하는 것은 불가능하며 그 차별적인 '생각'은 형태를 바꾸어 사회에 계속 얼굴을 내밀기 때문이다.

결국 진정 헤이트 스피치를 박멸하고자 한다면 규제보다 교육과 계몽이 중요하고 무엇보다도 2장에서 살펴본 바와 같이 헤이트 스피치를 유발하는 정치가의 발언과 정부의 차별 정책을 시정하는 일이 중요하다. 일찌감치 헤이트 스피치 규제법을 마련한 독일에서도 헤이트 스피치 규제는 단독으로 시행되지 않았다. 즉, "패전 직후 이루어진 개혁은 위로 부터의 불충분하고 표면적인 비#나치화(Entnazifiziert)에 머 물렀을 뿐이다. (중략) 이에 대한 반성으로부터 과거의 극복 을 내면화하는 움직임이 일어나 나치스 범죄를 자국의 문제 로 받아들임으로써, 그 실태의 해명, 책임의 승인, 재발방지 노력 등이 문제로 떠올랐다. 다시 말해 나치 범죄 중앙수사국 (Zentrale Stelle der Landesjustizverwaltungen zur Aufklärung nationalsozialistischer Verbrechen) 등에 의한 범죄의 실태 규 명, 피해자에 대한 보상 및 교육 개혁 같은 포괄적 개혁에 까지 논의가 미쳐 그 일환으로 민중선동죄 제정이 이루어졌 다"[72]는 것이다.

애초부터 역사수정주의 사상을 가진 총리와 각료들로 구성되어 헤이트 스피치 단체와 생각을 같이하고 있는 아베 정권에 '반차별적 계몽'을 기대하기란 무척 어려운 일이다. 5 장에서 자세히 다루겠지만 이 부분과 관련해서는 시민의 힘 에 기대를 거는 편이 현실적이지 않을까.

72   사쿠라바 오사무, 《독일의 민중선동죄와 과거 극복》, 후쿠무라슛판, 92쪽부터.

8   정리

앞의 내용을 정리해 보도록 하겠다.

이 책은 '법률로 헤이트 스피치를 규제할 수 있을까'라는 문제의식을 가지고 국제 규약과 외국의 입법을 살펴보면서 '유럽형'이든 '미국형'이든 그 나름의 역사가 반영되어 있는 것처럼 일본 또한 당대 일본의 역사적 현실에 따라 대응하는 것이 중요하다는 결론을 내렸다. 그러한 연후에 일본국 헌법이 보장하는 표현의 자유에 대해 살펴보고 표현의 자유란 타자의 인권과 모순충돌할 경우에만 제약할 수 있다는 **'리버럴의 원칙'**을 정립했다. 아울러 이 원칙에 따르더라도 소수자를 사회로부터 배제하고 **'자기의 민족적 정체성을 지켜 갈 권리'**를 침해하는 중대한 헤이트 스피치라면 법률로 규제하더라도 헌법을 위반하는 것은 아니라는 결론을 얻었다.

그럼 어떤 방법으로 이를 규제할 것인가. 이 책은 규제를 주장하는 다수의 논자들과 마찬가지로 일단 벌칙이 없는 차별금지기본법을 제정하고 이 제도하에서 차별의 실태에 대한 조사·연구를 실시해야 한다는 입장에 서 있다. 또한 그 규제 범위가 엄격히 한정되어야 하며, 형사 규제는 마지막 수단이 되어야 할 것이라고도 말했다.

아울러 이 책은 법적 규제의 효과에 한계가 있다는 점에 대해서도 언급하고 있다. 법률로 사람의 마음까지 바꾸기란 불가능하기 때문에, 차별적인 '표현'이야 규제할 수 있더라도 차별적인 '생각'까지 규제할 수는 없다. 따라서 진정 헤이트 스피치의 박멸을 원한다면 규제보다 교육과 계몽이 중요하며, 정치가의 발언과 정부의 차별 정책을 시정하는 일이 중요하다. 한편 아베 정권에게 '반차별교육'이나 '반차별적 계몽'을 기대하는 것은 무리이므로 이와 관련해서는 시민의 힘에 기대를 거는 편이 현실적일 것이라는 평가도 덧붙였다.

다음으로 생각해 볼 과제는 최근 자민당에서 시작된 법적 규제를 둘러싼 논의에 어떻게 대응할 것인가 하는 문제이다. 또한 이와 관련해 법적 규제의 '폐해'에 대해서도 고찰해 보고자 한다.

헤이트 스피치는 법으로 규제될 수 있을까?

4장

헤이트 스피치를 둘러싼 최근 정세와

우리가 취해야 할 태도

1   UN 인종차별철폐위원회의 권고

UN 인종차별철폐위원회는 2014년 8월 29일, 일본정부에 대해 다음과 같이 권고했다.[73]

- (헤이트 스피치 단속) 법률 개정을 위해 적절한 조치를 취할 것.
- 시위가 벌어질 때마다 공공연히 이뤄지는 인종차별 등을 의연하게 처벌할 것.
- 인터넷을 포함한 미디어상에서의 헤이트 스피치를 없애기 위해 적절한 조치를 취할 것.
- 그러한 행위에 책임이 있는 개인이나 조직에 대해 수사하고, 적절하다고 판단되는 경우는 소추도 불사할 것.
- 헤이트 스피치 등을 부추기는 관료와 정치가에 대해 적절한 제재를 강구할 것.
- 헤이트 스피치의 근저에 있는 문제에 대응함으로써 다른 나라와 인종, 민족에 대한 이해와 우정을 조성하는 교육 등을 촉진할 것.

〈아사히신문〉은 이 내용을 8월 30일 자 조간 톱기사로 전했다. 사실 인종차별철폐위원회가 일본에 헤이트 스피

---

73   〈아사히신문〉 2014년 8월 30일 자.

치 규제를 권고한 것은 처음 있는 일이 아니다. 심지어 지금까지 매번 같은 내용을 권고해 왔다. 이것이 신문의 1면에 톱기사로 게재된 것은 국제사회의 변화가 아닌 일본사회의 변화를 보여준다. 그리고 이러한 변화를 촉진한 것은 신오쿠보에서 결집된 카운터의 힘이었다고 생각한다.

　　권고의 내용 중 특히 주목할 부분은 '헤이트 스피치를 부추기는 관료와 정치가에 대한 제재'를 요구하고 있다는 점이다. 한편에서는 헤이트 스피치를 규제하면서, 다른 한편으로는 부채질하는 것은 정부가 국민에게 모순된 메시지를 전하는 일에 다름 아니다. 우선 철저한 반성이 필요한 것은 정치가와 관료라는 점을 국제사회도 인정하고 있는 것이다.

2 법적 규제에 나선 자민당

이 일이 있기 전, 같은 해 8월 7일 아베 총리는 마스조에 요이치舛添要一 도쿄 도지사와 총리관저에서 회담을 갖고 "재일한국·조선인에 대한 차별을 부추기는 헤이트 스피치와 관련, 당 차원의 대책을 검토하겠다"는 의사를 표명했다. 회담이 진행되던 중 아베 총리는 "헤이트 스피치는 국제사회와의 관계를 성실하게 쌓아올려 온 일본의 긍지에 상처를 주므로, 확실히 대처해야 한다"고 지적하고 자민당 내부에서의 의원입법 검토 방침을 시사했다.

그리고 8월 28일 자민당은 '헤이트 스피치'로 통칭되는 인종차별적 거리 선전 활동 관련 대책을 검토하는 프로젝트팀[74]의 첫 모임을 당 본부에서 열었다. 이 자리에서 자민당의 다카이치 사나에 정무조사회장(당시)은 "욕설로 매도하는 것은 자랑스러운 일본 국민으로서 대단히 부끄러운 일이다. 인종차별적인 언론은 국제적으로 법에 의해 규제되는 추세"라고 하면서도 "국회 주변의 고출력 스피커를 이용한 거리 선전이나 시위에 대한 규제도 함께 논의해야 한다"고 언급했다. 다카이치의 이러한 발언은 즉시 자민당이 만드는 헤이트 스피치 규제의 위험성을 보여주는 언동으로서 신문의 비판을 받고 철회로 내몰리게 되었다.

---

[74]　좌장은 히라사와 가쓰에이平沢勝栄 정무조사회장 대리.

이 보도를 접한 나의 재일코리안 친구는 다음과 같이 말했다.

"아베 총리가 5월 7일 참의원 예산위원회에서 이렇게 말했습니다. "일본 국기가 어떤 나라에서 불태워져도, 우리는 그 나라 국기를 불태우지 않고 그 나라 지도자의 사진을 욕보이지 않는다. 이것이 우리의 긍지 아니겠는가." 얼핏 보면 헤이트 스피치에 반대하고 있는 것 같지만 결국 아베 총리는 "저놈들은 일본 국기를 불태우는 놈들이다. 일본의 적이지. 하지만 우리 일본인들까지 그런 수준 이하의 레벨에 맞춰 주어선 안 된다"는 소리를 하고 싶은 겁니다. 많은 피해자들이 5월 7일 발언에 대해 헤이트 스피치를 비판한 것이 아니라 도리어 차별과 편견을 조장하는 것이라고 받아들이고 있어요. 생활보호를 부정 수급하고, 통명을 악용해서 탈세나 하며 '위안부'를 날조해 일본한테 돈을 뜯어내는 놈들이지만, 우리 자랑찬 일본인들은 저 '바퀴벌레 놈들'처럼 천박한 소리를 하면 안 된다…. 대부분의 재일코리안은 아베 정권이 이 문제에 진정성 있게 대응할 거라고 생각하지 않습니다. 아베 총리와 그 주변 사람들이 헤이트 스피치를 진심으로 싫어하고 없애려 할 리 없으니까."

이 장에서는 이러한 아베 정권의 성격을 되짚어 보면서 현재의 헤이트 스피치 규제 논의가 갖는 '위험성'과 규제에 따른 '폐해의 위험성'에 대해 생각해 보고, 또한 우리는 이 문제를 어떻게 대해야 할지 고민하고자 한다.

3 규제 움직임에 내포된 위험성

본질 호도와 왜곡의 위험성

현재(책을 쓰던 시점인 2014년 10월) 시점에서 가장 우려되는 점은 자민당이 '헤이트 스피치 규제안을 만든다'고 하면서 실은 아무런 상관이 없는 제도를 만들고 있지 않은가 하는 것이다. 앞서 살펴본 아베 신조 총리의 발언이나 다카이치 사나에 정무조사회장의 발언은 자민당 간부들이 헤이트 스피치란 무엇이며, 현재 무엇이 문제인지 전혀 파악하지 못하고 있다는 것을 보여준다. '헤이트 스피치'가 무엇인지 모르는 사람들이 어떻게 '헤이트 스피치 규제법'을 만들 수 있다는 것일까. 심히 의심스럽다.

또한 이미 말한 것처럼 아베 신조 총리는 역사수정주의를 신봉하는 극우 정치인이며 다카이치 등도 여기 해당한다. 헤이트 스피치 단체와 같은 사상을 가지고 있다는 것이다. 이런 아베 정권이 어떻게 자신들과 동류이자 열혈 지지자인 헤이트 스피치 단체를 규제할 수 있을까. 근본적인 의문을 갖지 않을 수 없다.

아울러 가령 비교적 제대로 된 헤이트 스피치 규제법을 만들어 낸다 하더라도 나카이치 정무조사회장의 발언에서 엿보이는 것처럼 일반적인 시위 규제의 설정이라는 기준에 끼워 맞춘 법률의 위험성 또한 고려하지 않을 수 없다. 실제 다카이치처럼 관저 앞 원전 반대 활동에 대해 불쾌하게 생각하는 위정자도 많을 것이기 때문이다. 그뿐만 아니라 헤이트 스피치 규제법과 카운터 규제가 병행될 가능성 또한 무시할 수 없다.

이 같은 '본질 호도'나 '왜곡' 사례는 과거에도 존재했다. 최근 들어서는 '재판원법裁判員法'과 '취조 가시화 법제'가 그 대표적인 예였다.

'재판원법(2009년)'은 원래 리버럴리스트들이 사법제도에 대한 국민 참여 제도로 '배심원제'를 제안한 것을 역이용해 닮은 듯 다른 법제를 만든 것이다. 배심원제는 본래 시민 참여를 통해 권력을 감시하고, 면죄免罪를 막는 데 목적이 있다. 그렇지만 재판원 제도는 그 1조에 명시되어 있는 것처럼 '사법에 대한 국민의 이해 증진과 신뢰 향상'이 목적이며, 실제로도 그렇게 운용되고 있다. 이는 당초 사법에 대한 국민의 참여에 반대 입장이던 재판소의 형사재판관들이 이를 역이용해 재판원 제도 도입을 자신들의 기반 강화에 이용한 것이다.[75]

후생성 무라기村木 사건[76]을 계기로 시작된 '법제심의회·신시대 형사사법제도 특별부회特別部会'의 결말 또한 대단히 실망스러운 것이었다. 2011년 6월 제1회 부회가 개최되었을 때, 원래 면죄 방지를 위한 '취조의 가시화'와 관련해 답변을 듣는 것을 목적으로 했던 이 심의회는 전체의 고작 몇 퍼센트에 지나지 않는 재판원 제도에 한정한 '취조 가시화'만을 인정

---

75   세기 히로시瀬木比呂志, 《절망의 재판소》, 고단사겐다이신쇼講談社現代新書, 72쪽.

76   허위 공문서 작성 혐의를 받은 후생노동성 국장 무라기 아쓰코村木厚子가 2010년 9월 무죄 판결을 받은 사건. 그 과정에서 검찰의 증거 조작이 밝혀졌다.

하고, 도감청의 확대와 '사법거래(Plea Bargain) 제도 도입' 등을 결정함으로써, 결국 치안정책의 강화 방안을 마련하고 끝나 버렸다. '면죄 방지'라는 당초의 목적이 '치안 강화'로 뒤바뀐 것이다.

우리는 '헤이트 스피치 규제법'에서도 '재판원법', '취조 가시화' 등과 같은 전철을 밟아서는 안 될 것이다.

헌법 질서 파괴의 위험성

나는 특히 아베 정권이 가지고 있는 헌법 사상에 위구심을 가지고 있다. 자민당은 2012년 4월 발표한 '신헌법 초안'에서 헌법 13조 및 21조를 다음과 같이 개정할 것이라고 밝혔다.

> 제13조(사람으로서의 존엄 등)
> 모든 국민은 사람으로서 존중된다. 생명, 자유 및
> 행복 추구에 대한 국민의 권리는 공익 및 공공의
> 질서에 반하지 않는 한, 입법 및 기타 국정상 최대한
> 존중되어야 한다.
> 제21조(표현의 자유)
> 1. 집회, 결사 및 언론, 출판, 기타 모든 표현의
> 자유를 보장한다.
> 2. 앞 항의 규정에도 불구하고 공익 및 공공질서를
> 해치는 것을 목적으로 한 활동이나 같은 목적으로
> 결사하는 일에 대해서는 인정하지 않는다.

즉, 13조의 '공공의 복지'를 '공익 및 공공의 질서'로 바꾸고, 21조의 표현의 자유와 관련해서는 더 나아가 '공익 및 공공의 질서를 해치는 것을 목적으로 한 활동'의 금지를 규정하고 있는 것이다. 이러한 변경사항과 관련, 자민당은 공식 Q&A에서 다음과 같이 언급했다.

> 종래의 '공공의 복지'라는 표현은 그 의미가 애매하고 이해가 어렵습니다. 그런 까닭에 학설상으로는 '공공의 복지는 인권 상호의 충돌의 경우에 한해 그 권리행사를 제약할 수 있으며, 각 개인의 인권을 넘어선 공익에 의한 직접적인 권리 제약을 정당화할 수 없다' 등의 해석이 등장하고 있는 것입니다. 하지만 거리의 미관이나 성도덕의 유지 등을 인권 상호의 충돌이라는 점만으로 설명하기란 쉽지 않습니다.
> 이번 개정은 이렇듯 의미가 애매한 '공공의 복지'라는 문구를 '공익 및 공공의 질서'로 개정함으로써 … 헌법에 의해 보장되는 기본적 인권의 제약은 '인권 상호가 충돌할 경우에 한하는 것'이 아님을 분명히 하고자 합니다.

나는 이 책 3장에서 인권 제한의 근거인 '공공의 복지'는 '인권 상호의 모순·충돌을 조정하기 위한 실질적 공평의 원리'로서, 인권은 타자의 인권과 충돌하는 경우에 한해 제한될 수 있다는 '리버럴의 원칙'이야말로 민주주의의 생명선이라고 말한 바 있다. 그러나 자민당의 헌법 사상은 이를 아예 부정하고, 심지어는 '기본적 인권의 제약은 인권 상호의 충돌의 경우에 한하지 않는다'고 당당히 선언한다.

이러한 헌법 사상을 가진 자민당이라면 헤이트 스피치 규제의 근거(즉, 표현의 자유를 제한할 근거)를 어렵지 않게 '공공의 안전'에 둘 수 있을 것이다. '일본인의 긍지'에 근거한 조치도 가능할지 모른다. 이는 표현의 자유가 갖는 중요성에 별 비중을 두지 않는 자세와도 맞물려 지극히 광범위하게 표현의 자유를 제약할 수밖에 없다. 아베 정권하에서 이러한 헤이트 스피치 규제법이 제정되도록 방치하는 것은 결국 '리버럴 원칙'의 파괴를 초래할 것이다. 이는 현행의 리버럴한 헌법 질서가 파괴되어 궁극적으로는 다른 기본적 인권의 제약 또한 간단히 이루어질 수 있는 환경을 의미한다. 경찰국가, 사상통제국가 조성의 길이 열리는 것이다.

경찰·행정 권한 남용의 위험성

설령 제대로 된 헤이트 스피치 규제법이 성립된다고 해도, 경찰에 의한 자의적 운용이나 남용의 우려가 존재한다. 일본의 경찰은 헤이트 스피치 단체에는 관대하면서 카운터에 대해서는 엄격한 입장을 취하고 있는데다, 더러 규제 권한을 남용하는 사례마저 있기 때문이다.

이를테면, 오사카 쓰루하시에서 첫 카운터 행동이 있던 2013년 2월 24일, 경찰은 사람들이 보도에서 항의 플래카드를 들지 못하게 했다. 또한 같은 해 4월 27일, 오사카 우메다梅田에서 벌어진 차별 거리 선전에 항의하는 카운터에 대해서는 플래카드를 내리게 하고 핸드마이크를 이용한 항의를 막았을 뿐만 아니라, 심지어 육성으로만 항의를 해도 포위해서 현장을 벗어나게 했다. '길 가는 사람들에게 방해가 된다'면서 도로에 멈춰 서 있지도 못하게 했다는 이야기까지 들린다. 같은 해 5월 26일 진행된 센니치마에千日前 차별 시위·거리 선전 때는 카운터 주요 활동가들이 아무 말 없이 그 자리에 서 있기만 했는데도 둘러싼 경관이 현장에서 격리하는가 하면, 몇 번이나 '오늘은 체포해 버리겠다'는 등 협박을 했다고 한다.

이와 관련해서 내가 담당한 사례는 2014년 7월 16일 이른 아침, 오사카 부경府警에 카운터 그룹의 중심인 남성조男組의 대표, 부대표 등이 포함된 8명이 폭력행위 등 처벌에 관한 법률 위반 혐의로 체포된 사안이었다. 이 사례는 2013년 10월 이들이 인종주의자 단체 회원 하나를 둘러싸고 비난한 일이 발단이었는데, 당시 현장에 경찰관이 있었고, 따로 제지 등을 받지 않았음에도 불구하고, 오사카 부경은 2014년 5월 인종주의자 단체의 피해 신고를 수리, 사건 당일로부터 9개월이나 지난 2014년 7월 돌연 사정청취조차 없이 남성조 소속 8명 전원을 임의 체포했다. 덧붙여서 이들 중 대표, 부대표는 이미 다른 건으로 2014년 2월 집행유예 판결이 확정된 상태였다. 본래대로라면 경합범^{競合犯77}으로 일괄 처리가 가능하고, 또한 그렇게 되었어야 할 사안이다. 그럼에도 불구하고 오사카 부경은 관동지역, 중부지역 등 전국 10개 지역에 분포해 있는 체포자 전원의 거처에 대해 100명이나 되는 경관을 파견해 수색을 진행하는가 하면, 체포 현장에 취재진을 부르고, 체포 장면과 피의 사실을 담은 영상을 TV 등에 대대적으로 방영했다. 분명 인종주의자들을 기쁘게 하고 카운터에 대한 나쁜 평가를 확산시키려는 퍼포먼스였다.

그밖에도 4월 15일 오사카 부경이 카운터 단체의 대표를 재일조선인 생활보호 수급 관련 사기 혐의로 체포, 3개월 가까이 구류 상태로 둔 일이 있었다. 당시 생활보호 관련 내용과 카운터 단체의 대표였다는 전력이 사건과 아무 관련이 없음에도 불구하고, 오사카 부경이 매스컴에 정보를 제공해 TV·신문 등에 '카운터 단체 전 대표'라는 직함이 대대적으로 보도되었다. 이는 '재일조선인 중에는 생활보호를 부정 수급하는 자가 많다'는 재특회의 선전에 이용되게 할 목적에서 비롯된 일이라고밖에 볼 수 없으며, 그런 점에서 볼 때 '경찰이 인종주의 단체의 활동에 가담했다'는 표현마저 가능한 사례였다.

경찰의 이러한 자세는 헤이트 스피치 규제법이 성립될 경우, 과연 그 운용을 맡길 수 있을까 하는 의구심으로 이어진다. 경찰이 헤이트 스피치 규제법을 남용해 소수자의 정부 비판 등을 광범위하게 탄압하는 데 악용할 위험성은 없는 것일까.

77　판결이 확정되지 아니한 2개 이상의 죄, 또는 판결이 확정된 죄와 그 판결의 확정 전에 범한 죄.

법적 규제 관련 논의에서 '인권 기관' 같은 행정기관을 설립하는 방안도 등장하지만, 이와 관련해서도 행정기관의 권한 남용에 대한 우려를 지울 수 없다. 일본 행정관의 '인권 감각'도 의문시된다. 내가 담당한 사건 중에 2013년 10월 정부의 원전 정책을 비판하는 '수도권 반원전 연합'이 '국회 100만인 포위 시위'의 출발점으로 히비야 공원을 사용하기 위해 도쿄 도에 신청했으나, 아무 이유도 듣지 못하고 각하된 예가 있다. 나는 이 단체의 변호인으로서 도쿄 도 측에 히비야 공원 이용을 임시적으로 허가할 의무가 있다는 결정을 요구했지만, 도쿄지방재판소는 같은 날 공원에 다른 행사가 있다는 사실(이용을 요구한 장소는 공원 내 다른 곳이었다) 등을 이유로 소송을 각하해 버렸다. 나는 행정 당국이 아직까지 '시위'라는, 주권자인 국민이 정치에 대한 자신들의 의견을 표명하는 가장 직접적이며 유효한 수단의 중요성을 전혀 이해하고 있지 않다는 사실에 아연할 수밖에 없었다. 그리고 재판관 역시 시위의 중요성에 대한 인식 없이, 행정추수行政追隨라는 구태의연한 자세로 일관했던 것이다.

　　이러한 경험을 통해서도 알 수 있듯이 일본에서 국민의 '표현의 자유'란 아직도 미미한 수준이다. 헤이트 스피치 규제가 자칫 이러한 상황을 더욱 악화시킬 위험성이 있으므로 보다 신중을 기하지 않을 수 없다.

4 헤이트 스피치 규제 논의에 대해 우리가 취해야 할 태도

우리는 이 문제를 어떻게 마주해야 할까. 예를 들어 극우파인 아베 정권하에서 헤이트 스피치 규제를 제안하는 일은 '위험하니까 그만두는 편이 좋은' 것일까. 내가 이 부분에 대해 고민하고 있을 때 한 친구가 이런 트윗을 날렸다.

> 그럼 당신은, 파시스트 정권이라고
> 사회보장의 확충이나 임금인상도 요구하지
> 않을 겁니까? 혁명이 일어날 때까지
> 아무것도 하지 않겠다는 거예요?

맞는 이야기였다. 상대가 어떤 정권이든 간에, 우리에게는 논의하고 요구할 의무가 있다. 여기서는 아베 정권하에서 우리가 취해야 할 입장에 대해 생각해 보도록 한다.

대안의 제시, 원칙에 입각한 대응

우선 당연한 일이지만, '대안'을 제시해야 한다. 차별금지기본법과 요건을 엄격히 제한한 헤이트 스피치 규제. 이 부분에 대해서는 이미 3장에서 제안한 바 있다.

헤이트 스피치 규제를 '형법'이 아니라 '차별금지기본

법' 안에 담아내는 일은 헤이트 스피치 규제의 목적이 '공공의 안전' 보호가 아닌 소수자 차별 금지에 있다는 점을 명확히 하는 의미가 있다. 법적 규제의 목적을 확실히 밝혀 두면 소수자를 탄압하는 구실이 되는 등 규제가 남용되는 것을 방지할 수 있다.

아베 정권의 헤이트 스피치 규제 법안이 모습을 드러낸다면 나름의 원칙에 입각해 대응해야 한다. 이를 위해서 운동 진영에서는 우선 무엇이 지켜져야 할 원칙인지 공통적으로 인식하는 한편, 그 원칙에 합치하지 않는 법안이라면 어떤 이유에서든 단호하게 반대해야 할 것이다.

나는 헤이트 스피치 규제를 일단 다음의 '원칙'에 입각해 제안하고자 한다.

A) 소수자 보호의 취지가 명확하고, 이를 위한 요건이 압축되어 있을 것.

B) 다른 운동(반원전 운동, 평화운동, 기타)에 대한 악영향이 없을 것.

물론 운동이 진행되더라도 헤이트 스피치 규제에 대한 찬반론은 존재할 것이다. 하지만 아무리 찬성파라 하더라도 소수자 보호라는 취지가 치안이라는 목적으로 대치되거나 내용적으로 평화운동 등에 대한 탄압에 이용된다면, 헤이트 스피치 규제 자체에 반대해야 할 것이다.

무엇보다 바람직하지 않은 것은 '인종차별 반대'를 위해 서로 연대해야 할 사람들이 규제에 대한 의견차 때문에 대립하게 되는 일이다. 특히 '폐해'를 우려해 법적 규제에 반대하는 이들에게 '피해자들이 받은 상처를 외면한다'는 등의 비판을 가하는 일은 가장 심각하다. 규제에 찬성하는 사람이든 반대하는 사람이든, 인종차별을 없애고 싶다는 생각은 일치하며, '폐해'에 대한 우려 또한 같다는 점을 잊어서는 안 된다.

이상으로, 법적 규제라는 '선택지'를 포기해서는 안 된다고 보는 이 책의 입장도, 알고 보면 '폐해'가 크다는 이유로 법적 규제에 반대하는 사람들의 입장과 종이 한 장 차이일 것이라는 관점에서 이야기해 보았다. 강조하건대, 규제에 찬성하다가도 '폐해의 여지'가 확대되면 언제든 반대파로 입장을 바꾸는 결단력을 가져야 한다. 이와 관련해서는 1960년대 미국의 사회운동가들이 헤이트 스피치 규제를 통해 얻어낼 수 있는 이익보다 그 폐해를 더욱 중시했던 예(3장)를 상기해 보기 바란다. 우선은 양보할 수 없는 원칙이 무엇일지 운동 속에서 공유하는 것이 중요하다.

정부 정책의 전환 요구

앞에서 나는 헤이트 스피치 규제의 한계에 대해 다뤘다. 기본적으로 법적 규제만으로는 헤이트 스피치를 근절할 수 없다. 그 단적인 이유는 법률로 사람의 마음까지 바꿀 수는 없기 때문이다.

그래서 헤이트 스피치 규제를 논의하는 동시에 우리는 헤이트 스피치의 근원에 주목하고 이와 대결함으로써 헤이트 스피치를 근절할 방책을 논의해야 한다. 나는 2장에서 헤이트 스피치가 만연하게 되는 책임이 차별을 온존시켜 온 정부와 정치가들에게 있다고 지적한 바 있다. 그렇다면 정부와 정치가의 양태를 바꿈으로써 헤이트 스피치의 근저에 있는 차별 구조를 해소하지 않는 한, 헤이트 스피치가 근절되지 않는다고 볼 수 있겠다.

여기서 정치가들이 해야 할 일은 과거의 차별 정책으로 인한 오류를 인정하고 사죄하는 것이다. 예를 들어 캐나다에서는 2008년 과거 원주민의 아이들을 부모로부터 떼어 놓고 동화시키려 했던 정책의 잘못을 인정하고, 공식적인 사죄와 조사, 배상을 진행했다. 같은 해 오스트레일리아도 캐나다와 마찬가지로 원주민 동화 정책에 대해 사죄했다.

오스트레일리아의 인종 동화 정책에 대해 알고 싶다면 영화 〈토끼 울타리(Rabbit-Proof Fence)〉[78]를 추천한다. 이 영화의 무대가 된 1930년대 오스트레일리아는 문자 그대로 원주민의 아이들을 '훔쳐 와서' 강제적으로 백인사회에 동화시키려고 했다. 그래서 이 세대 아이들은 '도둑맞은 세대'라 불린다. 정부의 사죄가 이루어진 것은 그로부터 70년 이상 지나서였지만, 그런 정부 차원의 사죄야말로 진정한 차별 해소로 이어질 수 있으며, 헤이트 스피치 규제에도 실효성을 부여한다.

---

78   필립 노이스Phillip Noyce 감독, 2002년.

하지만 일본처럼 총리 자신이 과거 식민지 지배의 불법성을 부정하거나, 침략 전쟁을 저지른 과거를 정당화하려는 정부를 가진 나라에서는 헤이트 스피치 규제가 효력을 발휘할 수 없다. 또한 이런 정부의 메시지는 끝내 모순에 봉착해, 한편에서는 인종주의자들을 규제하고 다른 한편에서는 인종주의자들을 두둔하게 만든다. 그런 의미에서 일본에서 헤이트 스피치 규제가 실효를 거두기 위해서는, 다시 한번 아베 정권이 '무라야마 담화'와 '고노 담화'에 대해 확인하고 피해자들에게 명확히 사죄해야 할 필요가 있다.

또한 재일코리안을 치안 정책의 대상으로 설정하며 차별을 지속시켜 온 일련의 정책들에 대해서도 근본적으로 재고해야 한다. 앞서 언급한 일변련의 '외국인·민족적 소수자의 인권기본법 요강 시안'에는 이러한 취지가 담겨 있다. 다만 '근본적인 재고'라고만 하면 문제가 지나치게 확산될 가능성이 있으므로, 시급을 요하는 문제로서 우선 조선학교에 대한 차별 정책, 특히 '고교 무상화로부터의 배제' 정책부터 철회시켜야 할 것이다.

거듭 말하지만, 헤이트 스피치 만연의 책임은 정치가의 발언과 정부가 시행해 온 차별 정책에 있다. 이 점이 개선되지 않는 한, 진정한 의미에서의 헤이트 스피치 규제는 이루어질 수 없을 것이다.

5   9·11 이후의 미국에서 배운다

〈비상 계엄(The Siege)〉[79]은 기분 나쁜 영화다. 9·11 동시다발 테러 사건 이전에 만들어진 이 영화는 뉴욕에서 대규모 테러가 일어날 경우에 대한 정부의 대응을 그린다. 영화 속에서 미국 대통령은 뉴욕에 계엄령을 선포하고 아랍계 주민들을 닥치는 대로 체포한다.

실제로 2001년 뉴욕에서 동시다발 테러가 발생하자 아랍계 주민들에 대한 괴롭힘이나 헤이트 크라임이 빈발했다. 하지만 그 한편으로 여기에 맞서는 시민과 정치 또한 존재했다. 반전 시위는 괴롭힘을 당한 아랍계 주민들을 위로하는 방향으로 조직되었고, 아랍계 코미디언 아메드 아메드 Ahmed Ahmed는 "조크Joke로 편견을 바꾸고 싶다"면서 인종주의를 소재로 한 농담을 준비해 무대에 올라 관객을 웃겼다.[80]

또한 무엇보다 정치가들의 대응이 달랐다. 양친이 제2차 세계대전 당시 적성국 시민으로 수용소 생활을 했던 일본계 2세 노먼 미네타Norman Mineta 교통부 장관은 "아랍계, 유태계 미국인도 다른 모든 국민과 마찬가지로 존중과 존경을 담아 대해야 한다"면서 아랍계 주민들에 대한 '인종 프로파일링(Racial Profiling)'을 거부하고 공항에서의 화물 체크 등이 이루어질 때 인종에 따른 선별·차별 금지를 선언했다고 한다.[81] 이러한 정치가의 자세는 예를 들어 북한의 핵 관련 의혹

---

79   에드워드 즈윅Edward Zwick 감독, 1998년.

80   영화 〈화씨 9/11Fahrenheit 9/11〉 DVD 스페셜 피처Special feature, 마이클 무어Michael Moore 감독, 2004년.

81   NHK, 〈와타나베 켄渡辺謙, 미국에 가다: 9·11 테러에 맞선 일본인〉, 2011년 7월 19일 방송.

을 이유로 조선학교에 대한 보조금을 끊어 버리는 일본 정치가의 자세와는 전혀 다른 것이다. 이 책의 독자들 가운데 만약 정치가가 있다면 그 사례를 생각해 보았으면 한다. 그리고 정치인이 헤이트 크라임에 맞선다는 것이 무엇을 의미하는지 부디 생각해 보기 바란다.

6 정리

이 장에서는 일단 아베 정권하에서의 '헤이트 스피치 규제' 논의에 대한 우려를 언급하고, 상대가 어떤 정권이라 하더라도 우리의 요구를 내걸 의무가 있다는 입장에서 대안을 제시하고 원칙에 입각해 대응할 것, 정부의 차별 정책에 전환을 요구할 것 등을 제안했다.

현재 시점에서 내가 특히 기대를 걸고 있는 것은 2013년 재특회를 제압했던 시민들의 힘이다. 다음 장에서는 이 부분에 대해 이야기하고자 한다.

헤이트 스피치를 둘러싼 최근 정세와 우리가 취해야 할 태도

5장

최후의 해법은 시민의 힘

1   법적 규제만 있다면 '카운터'는
       필요 없어질까?

이 책의 3장에서 나는 법적 규제의 허용과 그 필요성을 긍정했다. 그럼 법적 규제만 있다면 시민의 카운터는 필요 없어질까? 다음 기사를 보자.

> 제2차 세계대전 당시 연합군의 폭격으로 거의 폐허가 되었던 독일 동부 드레스덴^{Dresden} 시에서 폭격 65주년을 맞은 13일, 네오나치가 계획한 시위 행진이 시민들이 만든 '인간사슬'에 의해 가로막혔다. 이날 추모집회를 기획한 네오나치 단체 회원 6400여 명은 노이슈타트^{Neustadt} 역 앞에 결집, 연설회를 마친 후 시위 행진에 나서려다 시민단체 멤버 등 1만2000명이 만든 '인간사슬'에 의해 저지당했다.[82]

이것은 독일의 네오나치 집회를 시민들이 '인간사슬'로 둘러싸고 저지했다는 내용의 뉴스다. 3장에서 이미 말한 것처럼, 법적 규제가 대단히 엄격하고 나치 범죄에 대한 정치가들의 사죄나 정부의 배상에 상당한 노력을 기울이고 있는 독일에서조차 헤이트 스피치도, 네오나치도 근절되지 않고 있다. 헤이트 스피치를 법률로 규제하는 일은 필요하지만,

---

82   2010년 2월 15일, AFP통신 보도.

효과에는 한계가 있다. 그 이유는 반복해 강조하는 바와 같이 법적 규제로 사람의 마음까지 바꿀 수는 없기 때문이다.

물론 제 아무리 카운터 시민들이라 하더라도 인종주의자들을 늘 감시하기는 힘들다. 따라서 카운터가 법적 규제의 대체물이 될 수는 없다. 물론 법적 규제에 따라 헤이트 스피치가 불법이라고 '선언'하는 것만으로 항의가 훨씬 용이해질 수 있다는 이점이 있기는 하다. 하지만 그렇다고 법적 규제가 카운터의 대체물이 될 수도 없다. 헤이트 스피치를 최종적으로 박멸할 수 있는 것은 시민의 힘이다. 드레스덴의 사례는 이를 다시 한번 확인시켜 준 것이다.

독일처럼 법적 규제가 존재하는 영국에서도 카운터 활동은 오래전부터 존재해 왔다. 1970년대 백인지상주의와 인종차별을 부르짖는 '국민 전선(National Front)' 같은 백인 극우단체가 대두하자 록 뮤지션 등이 모여 RAR^{Rock Against Racism}을 결성하고, 1977년 8월 13일 이주민들이 많이 살고 있는 런던의 루이섬^{Lewisham} 자치구에서 극우파가 시위를 결행하자, 1만 명이나 되는 시민들이 모여 시위를 저지, 다시 경찰대와 충돌하면서 폭동으로 번진 끝에 수적으로 우세하던 시민들이 극우파들을 지역 밖으로 몰아낸 것이 그 예다.

2013년 2월 지인이 캐나다 대사관 고위관계자와 만났을 때, 재특회 시위가 화제에 올랐다. 당시 캐나다 대사관 관계자의 관심은 '일본에는 카운터 시위가 없느냐'는 것이었다고 한다. 사실 차별 시위가 존재한다는 것 자체가 슬픈 일 아닐까. 세계적으로 비슷한 문제를 경험하고 있다는 점에서. 하지만, 그렇다고 '카운터'가 존재하지 않는다면 그야말로 '심각한 의미에서 절망적인 일'일 것이다. '카운터'는 성숙한 시민사회를 전제로 하며, 그 부재는 시민사회의 부재를 의미하기 때문이다. 그런 의미에서 2013년 있었던 카운터는 일본사회에 성숙한 시민사회도 존재한다는 것을 보여준다. 우리는 최종적으로 이러한 시민의 힘에 의지해야만 한다.

2 기대되는 카운터 활동

물론 2013년 신오쿠보에서 있었던 사건 이야기를 반복할 생각은 없다. 다만 이 단락에서는 현재 이루어지고 있는 시민들의 활동과 이에 대한 기대를 서술하려 한다.

'도쿄 대행진'과 '친하게 지내요 퍼레이드'

1장에서 소개한 '친하게 지내요 퍼레이드'는 올해(2014)에도 지난 7월 20일 'OSAKA AGAINST RACISM 친하게 지내요 퍼레이드 2014'라는 이름으로 개최되었다. 나카노시마中之島 공원부터 난바모토마치難波元町 공원까지 1500명이 모여 함께 행진했다고 한다. 다양한 민족의상과 음악대가 실력을 뽐내기도 했기에 홈페이지 사진을 보는 것만으로도 즐겁다. 이런 이벤트의 좋은 점은 무엇보다 일단 편안하다는 것이다. 아름다운 것을 보고 즐거운 기분이 되어 차별 없는 사회를 만들게 된다니 얼마나 멋진 일인가.

차별 없는 사회는 인간의 다양성을 인정한다. 다양성을 인정한다는 것은 즐겁고 설레는 일이며, '친하게 지내요 퍼레이드'는 이런 것들을 실감하게 해 준다. 아울러 문제의 소재를 밝히고 인종주의 반대에 대한 이해를 넓혀 주는 가장 유효한 수단이기도 하다. 오사카 집회 이후, 동쪽에서도 '도쿄 대행진 2014'가 11월 2일, 2800명의 인원이 참가한 가운데 성황리에 끝났다.

출판과 홈페이지를 활용한 계몽 활동

일찍이 나치독일의 선전장관 괴벨스^{Paul Joseph Goebbels}는 '거짓말도 되풀이하면 사람들이 믿게 된다'고 말했다. '재일 특권'이 바로 이런 경우에 해당한다. 인종주의자를 만들어 내는 힘의 하나가 '유언비어'와 '프로파간다^{Propaganda}'이기 때문이다. 따라서 '유언비어'와 싸우는 것은 곧 '인종주의'와 싸우는 것이기도 하다. 또한 이런 '유언비어'가 확산되는 데에는 이를 방치하는 지식인들의 책임도 있다.

따라서 출판 활동 등을 통해 인종주의의 거짓말을 폭로하는 일은 인종주의와 싸우는 중요한 '활동'이라 할 수 있다. 노마 야스미치 씨가 쓴 《'재일 특권'의 허상》[83]은 바로 이 사례에 해당한다. '시바키 부대' 창설자가 쓴 이 책은 재특회의 존재 이유인 '재일 특권'이라는 것이 정말 존재하는지를 정면으로 다룬다. 노마 씨는 "있겠냐, 바보야?"라는, 자칫 좀 가벼워 보이는 책 띠지 문구와 달리 "(재일 특권이 존재한다는 주장이) 미심쩍다는 인상은 있었어도, 그 논리에 완벽하게 반박할 수 있었던 것은 아니다. 조금이라도 더 자세히 알아 봐야겠다"[84]는 입장에서 이가^{伊賀} 시에서의 현장조사를 포함, '재일 특권'의 진위 조사를 성실히 진행했다. 그리고 그 치밀하면서도 착실한 조사의 결과로 "'재일 특권'이라는 개념은 역사적 사실과 경위를 일그러뜨리고 잔뜩 비틀어 적당히 끼워 맞춘

83 가와데쇼보신사^{河出書房新社}.
84 같은 책, '마무리하며'에서.

173

유언비어이며, 재일한국·조선인에 대한 명백한 헤이트 스피치다"[85]라는 결론에 도달한다. 인터넷 유언비어에 맞서 싸우는 모습이 그대로 드러나는 양서다.

또 한 권의 책인 가토 나오키 씨의 《9월, 도쿄의 노상에서》도 관동대지진 당시 조선인 학살의 진상을 전하는 한편, 인종주의자들과 싸우고 있는 저작이라 생각한다. 마지막으로 소개하고 싶은 것이 〈Fight for Justice 일본군 '위안부' – 망각에의 저항·미래의 책임〉이다. 바로 위안부 문제 관련 유언비어와 싸우고 진실을 지키는 인터넷 사이트다. 2장에서 나는 인터넷이 헤이트 스피치의 온상이라고 언급했다. 그 이유는 무엇보다 인터넷에 올바른 정보가 매우 드물기 때문이다. 이런 사이트가 많아짐으로써 인터넷에 조금이나마 올바른 정보가 유통되고 상황이 바뀔 수 있기를 기대한다.

헤이트 스피치와 배외주의에 가담하지 않는 출판 관계자의 모임

2장에서도 소개한 것처럼 출판계의 '혐한', '혐중' 붐은 차마 눈 뜨고 볼 수 없을 정도다. 이러한 흐름은 배외주의와 전쟁을 신문이 부추기던 제2차 세계대전 당시 상황을 떠올리게 한다. 이에 위기감을 가진 젊은 출판 관계자들이 모여 만든 것이 '헤이트 스피치와 배외주의에 가담하지 않는 출판 관계자의 모임'이다.

그 설립 취지는 다음과 같다.

---

85   같은 책, 202쪽.

언제부터인가 헤이트 스피치는 우리 일상의
풍경이 되었습니다. 서점에는 '혐중'이나 '혐한'을
당당히 내건 책들이 무수히 진열되고, 차내 광고에도
마치 전쟁 전야 같은 선동적인 문구들이 넘쳐납니다.
(중략) 그런 책들이 서점에 진열되고 베스트셀러가
됨으로써 증오 표현이 마치 시민권을 얻은 것
같은 착각을 불러일으키고 사람들의 의식 속에
잠재해 있던 차별과 배외주의를 향한 욕구를 더욱
유발하겠지요. 이런 악순환의 끝에는 무엇이
우리를 기다릴까요?(중략)
누군가 양식의 제동을 걸어 주리라고 믿는 마음은
있습니다. 하지만 만에 하나 제동이 걸리지 않는다면,
출판업계는 과연 아무런 책임도 없었다고 말할 수
있을까요? 돌이킬 수 없는 결과가 초래된 후에는
어떤 '반성'을 하더라도 이미 늦는다는 것을
이 나라의 역사가 보여주고 있습니다.
출판을 생업으로 하는 우리들이 먼저 '헤이트 출판'에
이의를 제기하면 어떻게 비쳐질까에 대한 고민도
있습니다. 하지만 바로 그렇기 때문에 '나는 가담하지
않겠다'는 각 개인의 의지 표명에 기대를 걸어야
할 것입니다.
"나는 차별과 증오를 생계의 수단으로 삼지 않겠다."
"우리가 사랑하는 서점이라는 공간에서 증오의

언어가 흘러넘치게 하고 싶지 않다."

우리는 이와 같이 표명하며, 책을 사랑하시는

많은 분들과 함께 이 문제에 대처하고 싶습니다.

더 보탤 것도 뺄 것도 없는 이야기다. 구체적 활동은 이제부터겠지만, 이런 문제의식을 가진 사람들이 목소리를 높이고 서로 손을 맞잡는 일이 지금 이 순간 필요하다.

축구를 통한 계몽 활동

레드 다이아몬즈의 '재패니즈 온리' 사건 때문에 마치 축구계에 헤이트 스피치가 들끓고 있는 것 같은 인상을 받을지도 모르지만, 스포츠 저널리스트 세이 요시아키清義明 씨에 따르면 상황이 좀 다른 것 같다.[86]

그 사건과 관련해 '무관객無觀客 시합'이라는 강력한 처분을 내린 축구계는 본디 세계(유럽) 표준의 철학과 노하우를 가지고 있었고, 이런 면에서 다른 분야보다 헤이트 스피치 문제에 대해 훨씬 진보적인 입장을 가지고 있다고 한다. 그렇다 보니 이미 선수에 의한 계몽 활동 등도 기획되고 있으며, 축구계 전체가 최대의 카운터 조직이 되어 줄 가능성도 높다는 것이다.

확실히 젊은이들에게 인기인 선수가 헤이트 스피치에 반대하는 선전을 해 준다면 대단히 효과적일 것이다. 따라서 이 분야와 관련해 나는 큰 기대를 가지고 있다.

---

3 시민들의 횡적 연대

그밖에도 사례로 꼽을 수 있는 것이 음악 분야다. 확실히 카운터 중에는 음악계 종사자가 많다. 구미에서 뮤지션들이 반인종주의의 선두에 서는 경우가 많다는 것(영국의 RAR 등)이 영향을 미친 것일까.

나는 이처럼 이른바 '활동가'가 아닌 음악가나 스포츠 선수, 출판 관계자, 변호사 등 여러 분야의 사람들이 '반인종주의'를 위해 횡적으로 이어진, 폭넓은 네트워크를 구성하는 것이 대단히 중요하다고 생각한다. 인종주의는 정치인 동시에 문화이며 마음의 문제이기 때문이다. 그러므로 법률로 아무리 헤이트 스피치를 규제하더라도 문화의 세계에서 인종주의를 압도하지 못하면 궁극적으로 인종주의에 승리할 수 없다. 그것은 앞서 언급했듯 프랑스에서 증오를 확산시키는 연예인이 인기를 얻은 예를 보더라도 분명하다.

문화적으로 인종주의를 압도하기 위해 여러 분야의 시민들에게 '반인종주의' 참가를 호소하자. 문제의식을 가진 시민들이 최대한 연대해서 모두를 잇는 '고리'로 차별주의를 포위할 수 있도록 하자.

나는 이것이야말로 인종주의와 싸우기 위해 가장 유효한 수단일 것이라 믿는다.

4 카운터 활동가 인터뷰

노마 야스미치 씨 — '시바키 부대' 창설자
'지원'이 아닌 '운동'의 콘셉트

—

'시바키 부대'를 고안한 노마 씨께, 우선 '시바키 부대'의 콘셉트에 대해 여쭤 보고 싶습니다. 노마 씨는 '시바키 부대'가 재일코리안들을 단순히 '지키기' 위해 활동하는 것이 아니라고 말해 오셨는데요.

—

그게 가장 중요한 콘셉트입니다. 지킨다,
다시 말해 어떤 정형화된 성격을 토대로 하지
않는다는 것이 중요했거든요. '시바키 부대'는
대부분의 다른 일본인들이 취하고 있는 보호,
즉 소수자인 재일을 보호한다는 입장의 도식으로부터
벗어나고 싶다는 이야긴데요. 물론 어떤 국면에서는
이런 입장도 중요하다는 사실을 부정하지는 않지만,
그럼에도 저는 '시바키 부대'는 단지
'(재일코리안들을) 지킨다'는 입장에만 서 있는 것이
아니라고 2013년 결성 당시부터 강조해 왔습니다.

—

결과론적인 이야기일지도 모르겠지만, '재일코리안'을 그들의 의지와 무관하게 피해자의 자리에 놓는 것이 아니라, 그저 우리가 우리 의지대로 활동하는 것이라는 콘셉트가 대단히 성공적이었다고 생각합니다. 노마 씨 나름의 어떤 전략이 있었나요?

—

2013년 1월 30일 트위터를 통해 '시바키 부대' 대원을 모집했는데, 그 직후부터 '시바키 부대'라는 폭력적인 이름은 뭐냐는 의견이라든가, 정말로 차별을 없애고 싶다면 '한국인 수호대'라는 이름을 붙여야 하는 거 아니냐는 의견 등이 꼬리에 꼬리를 물고 전해지더군요. 그래서 일일이 반론을 해주었고요. 또, 2월 11일에는 "'(한국인) 수호대'로 해야 한다는 의견도 있는데, 그런 오만한 이름을 쓸 수 있겠냐", "우리는 어디까지나 인종주의자들이 구역질나기 때문에 그들을 '두드려 패려고' 할 뿐, 그 이상도 이하도 아니다", "시바키 부대는 문자 그대로 '(인종주의자들을) 두드려 패고 싶어 하는 사람들'의 집단"이라고 선언하기도 했습니다.

여기에는 물론 전략적인 면도 있겠지만, 당시까지 4년 정도 카운터 활동을 하면서 결국 그런 방법밖에 없다는 나름의 결론을 내렸기 때문이기도 해요. 저는 원래부터 '피해자들의 곁을 지킨다'는 말을 좋아하지 않습니다. 재특회에 대한 카운터 활동은

2009년부터 해 왔는데, 우리가 카운터를 자임해서
공연히 재일 분들에 대한 공격이 늘어나지나 않을까
하는 걱정이 늘 있었거든요. 당사자인 재일 분들 중에
너무 시끄럽게 해서 상황을 악화시키지 말아 줬으면
한다는 분들도 계실 테니까요. 또 그런 이야기를
들으면 '알겠습니다' 하면서 한발 물러설 수밖에
없어요. 언제나 이런 딜레마에 부딪혔고, 그래서
막상 물러서게 되면 재특회가 제멋대로 날뛰는 꼴을
지켜볼 수밖에 없는, 그야말로 괴롭기 짝이 없는
상황이었던 거죠.

그러다 결국 이렇게 될 수밖에 없는 것은 피해자가
있고, 또한 그들을 돕는 지원자가 있다는 구도가
만들어져 있기 때문이라는 점을 깨달았습니다. 이
경우 피해자 쪽에서 그만해 달라고 말하면 그것을
존중하지 않을 수가 없잖아요. 그러니 역으로
피해자와 지원자라는 구도를 일단 무시하기로 한
겁니다. 반원전 운동도 하고 있는 입장에서, 재특회는
우리가 총리 관저 앞에서 진행하는 항의 집회도
엄청나게 방해했기 때문에 어떤 의미에선 우리도
피해자거든요. 아무리 다수자인 일본인이라 해도요.
그렇기 때문에 재특회의 피해자는 비단 재일코리안
분들만이 아니라는 사실을 저는 어느 정도 인식하고
있습니다. 그것이 '재특회의 헤이트 스피치는 사회의

공정성을 파괴하기 때문에 좋지 않다'는 논리로
이어졌고요.

실제로 재특회의 공격 대상은 재일뿐만이 아닙니다.
그들이 맨 처음 격렬한 시위를 벌인 사이타마 현
와라비蕨 시의 칼데론 사건[87] 당시에는 필리핀인
전체에 불똥이 튀었고, 2009년부터 2013년 사이에
있었던 시위는 장애인, 부라쿠部落 출신자[88] 등 다양한
일본의 소수자들을 타깃으로 하고 있었습니다. 극히
한정된 특정인들의 문제가 아니라는 거죠. 이것이
4년간의 카운터 활동을 통해 실감하고 알게 된
내용입니다.

그리고 '시바키 부대'가 활동을 시작하기 1개월쯤
전인가, 케이팝 팬인 10대들이 재특회 회장 사쿠라이
마코토의 트위터 계정에 비판 트윗으로 융단폭격을
가하는 걸 봤는데 '이거다' 싶더군요. 이 케이팝
팬들의 행동을 높이 평가하는 사람들이 많은데 실은
저도 엄청나게 고무되었습니다. 이게 당연하고 또
자연스러운 반응 아닌가 싶어서요.

---

87   1992년 타인의 여권으로 일본에 입국한 필리핀인 사라Sarah는 이듬해 입국한 아란
      크루스 칼데론Arian Cruz Calderon과 결혼. 1995년 딸 노리코 のり子를 낳고 산업폐기물
      처리업체 등에서 일하며 일본에서 지내다 2006년 불법체류자로 체포돼 10개월간
      출입국 관리국에 수용되었다. 일가족 해외 퇴거를 조건으로 가석방된 사라는 시민단체의
      도움을 받아(당시 서명에 2만 명이 넘는 시민이 참여했다) 당국에 재류 특별허가를
      요청했지만, 당국은 칼데론 부부가 불법 입국했다는 점을 들어 딸 노리코에게만 재류
      자격을 부여했다. 이에 당시 중학교 2학년이던 노리코가 TV 방송에 출연, '일본은 나의
      모국이다. 가족과 함께 있게 해 달라'고 호소했다가 오히려 인종주의자들의 역풍을 맞게
      되는데, 이 일을 일본의 현지 언론 등은 이른바 '칼데론 사건'이라 부른다. ─ 옮긴이
88   전근대 일본의 신분 제도하에서 최하층의 이른바 '불가족천민'으로 신분제 철폐
      이후에도 취직, 결혼 등에서의 불이익, 즉, 차별의 대상이 되었던 특정 계층.
      '부라쿠민部落民'이라고도 부른다. ─ 옮긴이

당시 10대 팬들의 그 '와, 진짜 열 받네'하던 반응 말이군요.
사실 맞는 이야기였죠.

―

"재특회래, 바보 아냐? 죽어라 좀!" 하던 10대 여자
아이들, '야, 이거야말로 압도적으로 옳다' 하는
생각이 들더라고요.

케이팝 여성 팬들이 사쿠라이 마코토의 트위터 계정을 공격
하던 거, 저도 봤습니다. "대낮부터 다 큰 어른이 부끄럽지도
않나. 해치우자!"든가, 트윗으로 그야말로 '돌직구'를 날리더
군요.
노마 씨는 반원전 운동을 통해 배운 '정당한 당사자란 무엇인
가'라는 교훈을 '시바키 부대'의 콘셉트에 활용할 수 있었다는
말씀도 하셨는데, 이것도 방금 전의 이야기와 연장선상에 있
지 않나요.

―

반원전 운동과 관련해서도 '후쿠시마'를 어떻게
바라볼 것인지가 문제가 되었고, 일각에서는
수도권의 반원전 운동이 그저 이 일을 빌미로 소란을
피우고 싶은 게 아니냐는 말들까지 있었죠. 이런
견해에 대해 《관저 앞 금요집회》[89]에도 기술되어
있듯이 수도권 반원전 연합(반원련)은 후쿠시마만을

89   가와데쇼보신사.

위해 활동하고 있는 것이 아니라는 입장을 유지해
왔습니다. 후쿠시마뿐만 아니라 원전 자체를 없애기
위해 활동하고 있다는 거죠. 당연히 후쿠시마
사람들의 피해 상황도 중요하지만, 그것에만 주제를
한정하는 운동이 아니라는 말입니다.

—

이야기가 반복됩니다만, 저는 시바키 부대가 단지 피해자의
곁을 지키는 것이 아니라는 입장을 취한 것이 대단히 성공적
으로 작용하지 않았나 하는 생각입니다. 재일코리안 분들도
각자 의견이 다를 테니까요. 피해자라고 해도 다들 의견이 제
각각 아니겠습니까. 이를테면 일본에서 지낸 지 오래 되시는
2세, 3세 분들과 최근에 오셨다가 한 2년 정도 지나면 돌아
가실 분들 사이에 입장차가 있는 것처럼요. 그런데 억지로 피
해자들의 곁을 지킨다는 입장을 피함으로써 기술적으로도 성
공을 거두었던 것 아닐까 싶네요.

—

사실 피해자 곁에 딱 붙어서 그 사람들과 마주하며
지원하는 방식의 운동이라는 게, 그 중요성을
완전히 부정하는 건 아니지만 아무래도 진입 장벽이
높잖아요. 진입 장벽이 높은 방식밖에 제시하지
못하면 재특회 같은 자들을 보면서 이상하다고
생각하는 보통 사람들이 운동에 참여하기도
어렵고요. 이를테면 '나는 그 문제를 자세히

모른다'든가 '공부해서 어느 쪽이 올바른지 확실히
이해하고 있지 않으면 참여할 수 없는 건가', 또는
'지원 운동에 참가하기 위해서는 일단 소수자에
대해 제대로 이해하고 있어야 하지 않나' 하는, 그런
망설임이 드는 게 자연스러울 수 있습니다. 하지만,
이 망설임 때문에 실제로는 참여할 수 있는 부분이
무척 많은데 그냥 지나쳐 버리게 된다면 안타까운
일이잖아요.

인터넷을 중심으로 참여를 호소해서 진입 장벽을
낮출 수 있었다는 이야기는 아닙니다. 다만 '재일
특권' 운운이나 위안부 문제, 조선학교 무상화 문제
등의 개별 이슈에 대해, 무엇이 올바른지 잘 알지는
못하더라도 재특회의 헤이트 시위는 안 된다고
말하는 데에 그 정도까지의 장벽은 없을 거라고
생각하거든요. 그런 사람들을 받아들일 수 있는 곳이
지금까지는 없었기 때문에 혼자서 헤이트 시위에
항의하러 갔다가 재특회 놈들한테 포위를 당한 끝에
결국 안 되겠다고 포기하는 사람들도 있었을 거고요.
여기서 중요한 건 하나의 '매개'를 마련하는 일이죠.
반원련이 관저 앞 집회를 시작할 당시에 사람들이
확 모여든 것과 같은 구도입니다.

시위하러 가는 건 귀찮은데, 관저 앞이니 퇴근길에
좀 들러 볼까 하면서. 그래서 엄청나게 많은 사람이

모여든 면이 있어요.

화를 내고 있는 사람이 자신의 분노를 표현하고, 직접
상대에게 또는 거리의 사람들 앞에서 표현할 수 있는
매개랄지, 장(場)이랄지, 이를 결과적으로 마련한 것이
2013년 카운터였습니다. 그런데 여기서 가장 큰
공헌을 한 것이 또 '시바키 부대'가 아니라 '플래카드
부대'였고요.

그렇게 볼 때 '시바키 부대'의 공적은, 최초의
돌파구를 연 것이라고 생각합니다. 이전에도
재특회에 항의하기 위해 플래카드를 드는 사람은
있었지만, 이내 재특회 놈들한테 공격을 받았지요.
그러던 것이 '시바키 부대', 그러니까 경비 역할을
해 주는 기동대의 수가 함께 늘어나면서 플래카드를
내거는 사람들을 물리적으로 공격하기 어려워진 -
겁니다. 게다가 후드를 쓰고 뒷골목에 서 있는
폭력적인 분위기의 '시바키 부대'와 대비되어,
플래카드를 드는 행위 자체가 무척 평화적이고
온건한 이미지로 자리매김하기도 했고요.

―

'시바쿠(しばく)'라는 말이 이 운동과 딱 맞아떨어졌던 것 아닐까
요? 처음부터 '플래카드 부대'로 시작했다면 사람들을 모을
수 없었을 거라는 생각이 듭니다. 실은 '시바키 부대'에 저도
큰 애착이 있고요.(웃음)

―

185

'시바쿠'라는 단어의 의미는 '탁 때려준다'는 거니까,
실력행사라는 의미가 포함되긴 하죠. 예를 들어
'철퇴를 내리다', '타도', '분쇄' 같은 단어 자체의
의미만 내놓는다면, 그 자체가 실력행사이고
폭력적으로 보일 수가 있잖아요. 하지만 '아베
정권을 분쇄'한다고 말하더라도, 폭력적으로 정권을
쓰러뜨린다는 생각은 누구도 하지 않을 겁니다.
그것이 정권을 교체한다는 말의 비유적 표현일
뿐더러 거대 권력에 맞서는 운동이 워낙 힘과 힘의
대결이다 보니까 폭력적이라 할 만한 표현을 내거는
경우도 빈번하고요. 그런 맥락에서 보면 '시바키
부대'의 '시바쿠' 같은 건, 오히려 굉장히 약한 느낌의
실력행사 아닐까요.(웃음)

예상을 뛰어넘은 확대

간바라 씨, '시바키 부대'라는 이름의 진짜 기원이
뭔지 아십니까? 2010년 3월 2일 트위터에서 제가
'재특회를 한 대 패주고 싶다'는 트윗을 올렸을
때, '나도 한 대 패주고 싶네' 하면서 호응을 해
온 것이 bcxxx 군 등 나중에 '시바키 부대'가 된
사람들이었어요. 그때 이미 저는 'shitback'이라는
'재특회를 패는 사람들' 같은 리스트를 만들어

두었는데, 그게 단체명의 기원이 된 겁니다.

—

그런데 '시바키 부대'가 결성된 건 2013년의 일이잖아요. 왜
그렇게 시간이 걸린 건가요?

—

아, 반원전 운동 때문에 바빠졌거든요. 게다가
재특회 자체가 세를 잃고, 2011년 무렵에는 내분까지
겹치면서 있으나마나한 존재가 되기도 하고. 그러던
것이 2012년 여름, 이명박 한국 대통령의 독도
상륙이 세를 회복하는 계기로 작용한 겁니다. 그렇게
세를 회복해 가면서 반원전 운동도 방해했기 때문에,
반원전 운동에 참여한 사람들은 재특회에 대해 좀
일찍 인식할 수 있었던 거죠.
그래서 '플래카드 부대'에는 반원전 운동을 했던
사람들이 많이 참가하고 있습니다. 관저 앞에서도
방해하던 재특회는 영락없는 적군이니까요. 그렇게
볼 때 현재 카운터에 이렇게 많은 인원이 참가하게 된
건 재특회가 자초한 일이기도 합니다.

—

첫 대결이 벌어진 2013년 2월 9일 당시, '시바키 부대'가 어
렵지 않게 재특회를 저지했잖아요. 노마 씨도 예상하신 일이
었나요?

—

당시는 우리가 계획했던 것 이상으로 일이 잘 풀렸습니다. 사실 그때 "이케멘도리로 들어올 것 같은데, 어떻게 하죠?", "억지로 저지했다간 보행 방해가 될 지도 모르는데" 하면서 간바라 씨하고도 상담을 했었잖아요. 우리 힘만으로 저지할 수 있을 거라고 생각 못 했기 때문이었습니다. 그런데, 허둥대면서 현장으로 달려온 기동대가 우리 사이로 들어오면서 결과적으로 재특회가 상점가로 침입하는 것을 불가능하게 만들어 주었지요. 우리가 경찰을 '방패'로 활용하게 된 겁니다.(웃음)

—

그런데 상황이 '시바키 부대'의 계획대로 전개되었던 것은 이 2월 9일 한 번 정도이고, 이후에는 누구의 계획이라고 할 수 없는 방향으로 일이 진행되었던 것 같습니다만. '플래카드 부대'의 출현 등도 포함해서 말이죠.

—

그렇습니다. 아주 순조로운 느낌으로요. 2월 9일 이후부터는 실제 사전에 아무 계획도 세우지 않았거든요. 그냥 일들이 딱딱 맞아떨어졌어요. 시기가 무르익었던 겁니다. 헤이트 시위에 분노하는 사람들이 많이 있는데 마침 '이 정도라면 가능하겠다' 싶은 실천 방식도 제기되고, '플래카드 부대'가 등장한 이후부터 정말 예상했던 것 이상으로 모든 일이 진척되었어요.

—

'시바키 부대'라면 가운뎃손가락을 들어 보이며 시위대를 포위하는 사람들이라는 이미지가 유포되고 있는데요, 가운뎃손가락을 드는 것은 사실 노마 씨 아이디어는 아니지 않았나요?

—

맨 처음 가운뎃손가락을 들어 항의의 의사표시를 했던 것은 '플래카드 부대'입니다.

—

제가 그 장면을 현장에서 보고 책에 소개하기도 했습니다만, 플래카드를 들어 항의하는 사람들을 향해서 재특회의 S가 "여러분, 플래카드까지 들고 성원해 주셔서 대단히 감사합니다!"라고 했었잖아요. 그래서 화가 난 사람들이 가운뎃손가락을 들어 보인 거고.

—

원래 펑크록 팬들이라든가 이른바 '가운뎃손가락 문화'를 공유하는 사람들이 '시바키 부대'에도 '플래카드 부대'가 처음 형성될 당시부터 모여들었습니다. 그중에 '플래카드 부대' 쪽에 있던 사람들이 손가락 욕을 시작하면서 기하급수적으로 확산되었던 거죠.

—

반차별 항의를 하는 카운터를 모두 뭉뚱그려 '시바키 부대'라
고 통칭하는 경우도 있던데요.

—

맞습니다. 그래서 2013년 3, 4월 무렵까지 저도
카운터가 곧 '시바키 부대'는 아니라고 줄곧
부정했었는데요. 지금은 그냥 '뭐, 아무려면 어때'
하는 느낌입니다. 카운터 = '시바키 부대'라도
상관없으니까, 대신 멤버십을 공유하는 '시바키
부대'는 'CRAC'로 이름을 바꾸기로 했습니다.

—

노마 신화 같은, 이를테면 노마 씨가 계획하고 모든 일을 해
냈다는 이미지가 확산되고 있어요. 사실은 그렇지도 않지만,
솔직히 저는 그렇게 소문을 좀 내고 싶었거든요.(웃음)

—

결국, 이런 사람들이 모여들 줄 몰랐다는 생각이
항상 존재하고 있다는 거잖아요. 반원전 운동을
하는 반원련, '시바키 부대' 카운터. 그리고 반아베나
반파시즘 운동도 그렇고요. '시바키 부대'나 카운터의
모체가 2012년 관저 앞 반원전 운동이었다면,
반아베·반파시즘 운동의 모체는 2013년 인종주의자
카운터라고 할 수 있겠습니다. 그렇게 조금씩
확산되었던 거지요. 지금 생각해 보면 활동 방식도

똑같았어요. 플래카드를 만들고 메가폰을 준비해서
눈앞까지 가서 직접 항의하는 심플한 스타일이요.

90년대 이후의 '백래시Backlash'[90]를 되돌린다

—

마지막으로 향후 운동의 전망에 대해 말씀해 주십시오.

—

전망에 대해서 자주 질문을 받는데요, 그럴 때마다
저는 '딱히 없다'고 대답합니다. 솔직히, 모르겠어요.
'CRAC' 내부에서도 반대 의견이 있기 때문에
헤이트 스피치 규제법을 목표로 한다는 이야기도 못
하겠고요.
제가 지금 48세인데, 우리 세대는 1990년대 '새로운
역사 교과서를 만드는 모임'으로 시작된 백래시를
전부 목도해 왔습니다. 그렇게 속속들이 알게 되다
보면 나름의 논리를 지닌 것처럼 보이는 부분도
있는데요. 예를 들어 고바야시 요시노리小林よしのり[91]는
틀렸다고 생각하지만 그가 일관되게 주장하는 좌익의
기만성 같은 것은 어떤 의미에서 설득력 있게 비쳐질
수 있습니다.
좌익에 대한 대안으로 신좌익이나 파시즘 활동을
하고 있는 사람도 있지요. 하지만 그것은 결국

---

90   사회 변화 등에 대한 대중의 반발, 또는 반동. − 옮긴이
91   일본의 대표적인 우익논객. 만화가이기도 하다.

서브컬처로 소비되어 버릴 뿐, 정치세력이라고는
말할 수가 없잖아요. 그런 면에서 우리도 좀 진지하지
못했던 서 아니냐는 반성도 하게 됩니다.
우리가 그렇게 가벼운 모습을 보이는 동안,
넷우익들은 저변 확대 등을 위한 나름의 고민을
거듭했을 수 있다는 이야기인데요. 그렇기 때문에
더더욱 우리 세대는 이런 백래시를 되돌려야 합니다.
물론 그 방법도 알고 있을 거라 생각하고요. 저는
2013년 겨울 무렵부터 제 자신이 더욱더 왼쪽으로
가려 한다고 거듭 말해 왔는데요. 그러다 보니 지금에
와서는 정말로 전보다 무척 왼쪽에 서 있게 되었다고
생각합니다. 이렇게 겨우 균형을 잡을 수 있었다고나
할까요.
그렇다고 해도 따져 보면 제 기본적 스탠스Stance는
'온건중도좌파'이고, 제가 지금 하고 있는 것도
보수적인 활동 아닐까 해요. 재특회에 대해서든
아베정권에 대해서든 반대하는 리버럴리스트들은
결국 '헌법 9조(평화헌법)를 지켜라', '인권을
지켜라'처럼, 뭔가를 '지키라'는 말만 하잖아요.
그야말로 전후 민주주의와 리버럴리즘Liberalism을
보수(保守)하는 운동을 하고 있는 거지요. 만약에
스스로를 '행동하는 보수'라고 주장하는 이들이
자신들을 '전후 레짐Regime'92을 근본적으로 뒤바꾸려는

---

92 제2차 세계대전 패배 후, 새로운 일본국 헌법을 중심으로 만들어진 정치, 경제,
    사회, 대외관계 등 국가의 기본적 체제. 평화주의에 입각해서 안전보장은 미국에
    맡기고, 경제성장을 우선하며, 도쿄재판(극동국제군사재판소가 제2차 세계대전 중의
    극동지역, 특히 일본의 전쟁범죄자들을 대상으로 진행한 재판)을 통해 형성된 역사관을
    받아들이고 있다. ─ 옮긴이

2013년 6월 16일, 신오쿠보에서 있었던 카운터 행동

혁명세력이라고 본다면, 그런 우리야말로 '반혁명
세력'에 해당하겠지요. (웃음)

기노 토시키木野寿紀 씨 – '플래카드 부대' 발기인

—

2013년 2월 17일 신오쿠보 헤이트 시위 당시, 기노 씨가 트
위터를 통해 "반한 시위가 너무 심하니 2월 17일로 예정된
신오쿠보 시위에 대해 '이국인도 일본에 살고 있는 친구들입
니다!' 같은 차별 반대 플래카드를 들고 의사표시를 하지 않
겠습니까?"라고 호소하니까 사람들이 모여들면서 이른바 '플

카운터에 등장한 플래카드들('반차별 패널 전시회'에서)

래카드 부대'가 탄생하게 되었는데요. 기노 씨는 어째서 플래
카드를 들어야겠다는 생각을 하신 겁니까?

—

다양한 사람들이 참가하는 '인종주의자
대포위망人間の鎖'을 신오쿠보에 출현시키고 싶었습니다.
독일 이야기인데요, 어느 거리에서 네오나치 집회가
열리려고 하니까 이것을 안 시민들이 대거 몰려와,
엄청난 인원으로 포위망을 만들어서 차별주의자들의

거리 침입을 저지한 일이 있었어요. 이 일을 떠올린
거죠(2010년 2월, 독일 드레스덴에서 네오나치 집회를
시민이 '인간사슬'로 포위해 중지시킨 항의운동이 있었다).
노마 야스미치 씨 등이 활동하는 '시바키 부대'는 무척
하드코어^{Hardcore}한 스타일이잖아요. 인종주의자들이
거리에서 벌이는 난동을 실력으로 저지하는. 그렇다
보니까 참가하는 데 진입 장벽이 높더라고요. 그래서
저는 다 같이 플래카드를 드는 느슨한 방법을 택해서
다양한 사람들이 참가할 수 있는 대규모의 활동을 해
보고 싶었습니다.

—

애초에 왜 카운터를 하시게 된 거예요?

—

저는 2009년부터 인터넷에서 재특회의 움직임을
주시하고 있었습니다. 마침 그 무렵 신오쿠보에
있는 회사에서 아르바이트를 하다 우울증 때문에
그만둔 참이었거든요. 이직을 준비하면서 집에서도
인터넷으로 자주 동영상을 봤었는데요.
거기서 또 재특회가 올린 동영상을 발견하게 된 거죠.
뭐랄까. 무서운 게 나왔네 하는 생각이 들었어요.
이건 아무리 봐도 정상이 아니다. 그때부터
이 단체를 주목하게 된 겁니다.
당시에는 아직 재특회가 소수집단이었지요.

행동도 워낙 극단적이다 보니까 많은 사람들이
제대로 상대해 주지 않았던 겁니다.
그런데 거듭되는 헤이트 시위를 보고도 못 본
척하는 일들이 반복되면서, 교토 조선학교가 공격을
당하지 않나, 신오쿠보에서도 주말에 흉악한 시위가
일어나고…. 정말 깜짝 놀란 거죠.
이대로 시위를 방치해서는 안 된다, 목소리를
내야겠구나 하는 생각이 든 겁니다.

—

기노 씨는 '도쿄 대행진'을 주최한 'TOKYO NO HATE'의
멤버이기도 하신데요. 2013년 '도쿄 대행진'때는 마칭 밴드
Marching Band에서 트럼펫을 불기도 했고.

—

마칭 밴드에서 여러 가지 악기를 연주합니다.
우리 사회에서도 다양한 사람들이 자신의 정체성을
지키면서 살아갈 수 있어야지요. 그런 다양성을
소중히 하는 사회를 거리 행진을 통해 표현할 수
있었으면 합니다.
최근 우리가 항의 활동을 벌이면서 헤이트 스피치
문제가 가시화되었지 않습니까. 혐한·혐중의 확산이
'이상한 일'이라고 느끼는 사람도 늘어나고 있고요.
그렇지만 가장 큰 문제는 차별이 만연해 있는
것을 정부가 인정하지 않고 있다는 사실입니다.

UN의 인권이사회와 인종차별철폐위원회로부터 몇
번이나 지적을 받고 있으면서도. 그래서 근본적인
차원의 변화를 위해 시위를 해야겠다는 판단을 하게
되었습니다.

—

끝으로 한 말씀 부탁드립니다.

—

UN의 권고 때문에 헤이트 스피치 규제가
사람들로부터 주목받고 있는데요. UN이 일본에
권고한 내용은 포괄적으로 차별을 금지하는 법률을
제정하라는 것입니다. 사실 이런 법률이 필요하다는
것 자체가 부끄러운 일이기는 하지만, 이미 문제가
제대로 입법을 하지 않으면 대처하기 힘든 정도의
수준이 되어 버렸음을 반증하는 거라고 생각해요.
2014년 '도쿄 대행진'은 '차별 없는 세계를,
아이들에게'가 테마였습니다. 아이들이 차별을 하지도
차별을 당하지도 않는 사회를 만들었으면 해요.

야마시타 아유무山下步 씨 – '차별 반대 여성조' 대표

—

야마시타 씨는 '차별 반대 여성조' 대표로 2014년 6월 28·
29일[93]과 7월 26·27일[94]에 '반차별 패널 전시회: 헤이트 스피

---

93   국제기독대학(ICU) 학내외 교류 이벤트 '컬츄럴 타이푼Cultural Typhoon'의 부스에서.
94   도쿄 신주쿠 구민 갤러리에서.

치, 싸우는 시민들!'을 개최하셨는데 처음 이 전시회를 하기
로 결심하시게 된 계기는 무엇인가요?

—

제가 처음 카운터에 참가한 것은 2013년 2월 17일
신오쿠보에서 헤이트 시위가 벌어졌을 때였습니다.
기노 토시키 씨가 트위터를 통해 "차별 반대
플래카드를 들고 의사표시를 하지 않겠습니까?"라고
호소하는 걸 보고 '친하게 지내요' 플래카드를
들고 참가했던 거죠. 바로 이날 '플래카드 부대'가
탄생했는데요. 그 이후 헤이트 시위가 있을 때마다
카운터를 하러 가게 되었습니다.
재특회의 헤이트 시위는 그 양상이 워낙 추악하다
보니, 분노하면서 항의하는 데에도 엄청난 에너지가
소모되고 허무감이 들 때마저 있을 정도예요. 이렇게
열심히 항의를 하는데도 매스컴은 제대로 보도도
하지 않고, 심지어 헤이트 시위나 카운터나 그놈이
그놈 아니냐는 이데올로기까지 확산시키죠. 사실
그 소란이 벌어지는 와중에 거리를 지나가야만 하는
행인들 입장에서 보면, 둘 다 민폐라는 생각이 들
수야 있겠지만요. 카운터 행동을 하다 보면 허무감이
들기 일쑤지만, 아무리 그렇다고 해도 '그놈이
그놈'이라는 시선은 정말 견딜 수가 없더라고요.
그래서 뭔가 적극적으로 해 볼 만한 일이 없나

CITIZEN AGAINST RACISM

差別反対アクション

Action for anti discrimination

인종차별 반대를 위한 행동

反對種族主義活動

差別反対アクション

在日外国人に対して「死ね、殺せ」などと言ったヘイトスピーチ（差別扇動発言）を叫ぶデモを開催し、ありもしないデマを拡散する人種差別団体が街に出ています。私達はそれを許さないための活動をしております。
　立ち止まって彼らを注視するだけでも構いません。どうか皆様のご協力をお願い致します。

Action for anti discrimination

We are a group of citizens acting against discrimination and hate speeches.
We are here to appeal to you for your help in stopping demonstrations held in the streets of our cities that calls out for the murders of non-Japanese residents, spreading disinformation of specific ethnic groups, by Racist organizations. Please show your support and stand with us in solidarity.

인종차별 반대를 위한 행동

"조센징을 따라죽여라"니 뭐니 외치면서 일본에 거주하는 소수민족에 대한 증오를 선동하는 재특회와 그 일당이 현재 거리에 나와 있습니다 존재하지도 않은 재일교포에 관한 유언비어를 퍼뜨리는 그들에 반대하는 활동을 벌이고 있습니다. 잠시 걸음을 멈추시고 차가운 시선을 보내시는 것만으로도 반대의 뜻을 나타낼 수 있습니다 여러분의 관심과 협력 부탁드립니다.

反對種族主義活動

種族主義組織目前正舉行遊行示威, 並喊著"殺死韓國人, 殺死中國人", 且傳播謠言和煽動仇恨的言論。我們反對種族主義。我們邀請您一同來抵制這樣不文明也不和平的舉動。謝謝你的支持。

4개 국어 카드

199

생각하게 된 겁니다. 그것이 헤이트 시위의 추악함과
여기 반대해서 항의하고 있는 평범한 시민들이
존재한다는 사실을 주지시키는 활동이었고요.
그러다가 2013년 가을 '차별 반대 여성조'를
결성했습니다.

—

주로 어떻게 활동하고 계신가요?

—

이를테면 예고된 헤이트 시위가 진행되기 전날, "내일
헤이트 시위가 있습니다. 이에 항의합니다"하면서
시위가 진행될 예정인 거리에 가서 전단을 나눠
주거나, 당일에는 헤이트 시위에 항의한다는 것을
알리는 전단을 나눠 주고 있습니다.
그리고 작가 나카사와 이케^{나카사와 이케} 씨가 만든 'CITIZEN
AGAINST RACISM' 4개 국어(일본어, 영어, 한국어,
중국어, 이상 표기 순) 카드를 길가는 사람들에게
건네기도 하고요. 백화점의 쇼핑백이나 포장지
디자인이 어느 가게 것인지 누구나 알 정도로 침투해
있는 것처럼, 카운터의 항의 활동도 사람들 사이로
폭넓게 침투해 들어가야 한다는 나카사와 씨의
의견에 따른 거였죠.
모든 분들이 흔쾌히 받아주시는 건 아니지만, 그래도
개중에는 나눠 드린 전단이나 카드를 보고 응원해

주시는 분들이 계셔서 큰 격려가 됩니다.
이렇게 선전물을 나눠 주는 것 외에도, 실은
트위터상에서 카운터 항의 활동을 담은 멋진
사진들이 엄청나게 돌아다니고 있거든요. 이것을
그냥 트위터로만 보고 끝내기는 아깝다는 생각이
들더라고요. 그런 생각이 이 '반차별 패널 전시회'로
이어지게 된 겁니다.

—

멋진 전시네요. 좀 더 큰 장소에서 '반차별 패널 전시회: 헤이트 스피치, 싸우는 시민들!'을 진행할 수 있으면 좋았을 텐데.

—

사실은 도쿄 도청 전망대에서 해 보고 싶었습니다.
첫째로 사용료가 싸고, 둘째로, 사람들이 많이 찾는
곳이다 보니, 따로 선전 같은 걸 하지 않아도 많은
사람에게 노출이 될 수 있으니까요. 또, 헤이트
스피치에 대해 아무런 대책도 강구하지 않는 도쿄
도청의 정점에서 전시회를 하고 싶다는 생각도
있었습니다.
그래서 도청의 관리과에 신청해 봤는데
거절당했어요. 조망을 즐기러 오는 장소에 어울리지
않는다는 겁니다. 하지만 전에 '납치 피해자 구출
운동 사진 패널 전시회'를 개최한 적도 있지 않느냐고
했더니 '그건 도쿄도가 주최한 행사였다'는 대답이

돌아오더군요. 그렇다면 주최나 후원을 해 달라고
요청해야겠다는 생각에 '인권부'라는 부서를 찾아가
교섭을 진행했는데, 이번에는 '계발하는 수준에
머물러 있기 때문에 후원이 불가능하다'는 거예요.
그래서 '당신들이 해야 할 일을 하지 않으니까
우리가 대신 해 주는 건데, 후원이라도 해야 하는 거
아니냐'고 압박했습니다. 도청 입구에 외국인 인권에
관한 리플릿도 비치되어 있지 않느냐면서. 리플릿
정도로 되겠냐는 생각이 들지 않나요? 패널 전시회에
사용할 사진도 실제로 보여 줬어요. 일단 보고 나서
판단해 줬으면 해서. 그랬는데도 결국 안 된다고
하더라고요. 정말 분했습니다.

—

마지막으로 한 마디 부탁드립니다.

—

두 번의 '반차별 패널 전시회'를 많은 분들이 보러 와
주셨습니다. 전시회에 오셔서 '조선인을 죽여라' 같은
헤이트 스피치를 떠들어 대면서 거리를 행진하는
시위에 대해 처음 알게 되었다는 분도 계셨지요. 부디
많은 사람이 헤이트 스피치 문제에 대해 알게 되고,
남의 문제가 아닌 내 문제로 인식해 주셨으면 해요.
이런 헤이트 시위가 방치되어 만연하는 것은 정말
무서운 일이니까요. 저 자신도 누구라도 부당한 일을

당하는 것을 보면 끊임없이 'No'라고 말할 수 있는 삶을 살아가고 싶습니다.

세이 요시아키 씨 – 스포츠 저널리스트

—

J리그에서 2014년 3월에 우라와 레드 다이아몬즈 서포터스가 일으켰다는 '재패니스 온리' 사건에 대해 듣고 어떤 생각이 드셨나요?

—

처음에는 스타디움에 내걸린 그 횡단막이 어떤 의미인지를 둘러싸고 좀 논쟁이 있었던 모양인데. 저 같은 경우 즉각적으로 그것을 차별 행위로 규정하고 비판했습니다. 그것도 확신범이라고 말이지요. 이충성 선수뿐만 아니라 이 선수를 응원해 온 재일코리안 분들에게까지 차별적인 메시지죠. 재일코리안은 골대 뒤편의 응원석에 오지 말라는 의미라고 단언할 수 있습니다.
우라와 레드 다이아몬즈는 군수산업 분야에도 손을 대고 있는 미쓰비시그룹이 스폰서이기도 할 뿐더러. 이 회사의 전임 사장은 "우리 팀은 한국인 선수를 받지 않는다"고 공언한 바도 있죠. 실제 1990년대부터 이 팀에는 재일코리안을 포함해서 한국인 선수가 한 사람도 없었고요.

—

야구와는 어떤 점에서 차이가 있을까요?

—

야구와 비교할 때 축구는 역시 유럽의 스포츠라고 할
수 있습니다. 축구팀이 각각 속해 있는 지역, 민족,
향토 등을 대표하고 이를 위해 싸우는 것이 유럽의
문화인데요. 따라서 축구는 스포츠로서의 매력
이외의 부분에 주목하며 열광하게 되는 면이 있지요.
예를 들어 스코틀랜드 셀틱Celtic이라는 팀은
프로테스탄트Protestant계인 성공회가 지배적인 영국에서
가톨릭교도들이 오랫동안 서포트 중인 FCFootball
Club이며, 스페인의 FC바르셀로나는 독립 문제의
불씨가 된 카탈루냐 민족주의의 상징입니다.
축구의 '클럽'이라는 것은 민족이나 종교, 그리고
지역공동체와 밀접한 관련이 있습니다.
일본에는 이런 축구문화가 모듈Module(문화적 규범)로서
전해졌습니다. 하지만 일본은 유럽의 경우에
해당하는 '지역사회'나 '시민사회'가 성숙되어 있지
않은 탓에 다시 지그재그로 성장하게 된 것입니다.

—

**그러니까 사회적 기반이 충분하지 않은 상황에서 무리하게 J
리그를 만든 거라고 볼 수 있다는 건가요?**

—

그렇다고 생각합니다. 그것이 개막 이후 20년 정도 지나면서 나름대로 조금씩 꽃을 피우고 있는 거죠. 이것이 지역과 시민의 자발적 문화라는 의미에서 재미를 더해 줄 때도 있습니다. 로컬리즘Localism과 글로벌리즘Globalism이 균형을 이루는 '글로컬Glocal'한 존재인 것이지요. 그런데 이 역효과로 나타나는 것도 있었던 겁니다. '안티 한국' 문화를 가지고 있는 우라와 레드 다이아몬즈처럼 말이지요. 실로 최악의 형태라 하겠습니다.

'안티 한국'의 감정이 그저 축구 시합 중에 일어나는 것이라면 좀 다른 문제일 수도 있겠지요. 한국과 일본은 라이벌이니까요. 예전에는 한국 축구가 워낙 강하다 보니 일본이 좀처럼 이길 수가 없었습니다. 그런데 이제는 한국도 일본을 라이벌이라고 생각하니까 평소 이상의 역량을 발휘하는 것이겠고요. 이런 부분에서 파생된 라이벌 의식이 스포츠라는 장르에서의 '안티 한국'으로 이어지는 것은 확실히 축구계의 저류武流이기도 합니다. 다만, 이것이 '차별 의식'으로 발전해 선을 넘어 버리면 '라이벌 의식'과는 또 다른 이야기가 되거든요. 그렇기 때문에 횡단막이 내걸린 일에 대해서는 우라와 레드 다이아몬즈 서포터들로부터도 이건 아니지 않느냐며 엄청난 비난이 쇄도하고 있습니다.

—

넷우익의 기원이 2002년 한 · 일 월드컵이었다는 게 정말인가요?[95]

—

그럴 수도 있겠지요. 2002년 공동개최 당시 한국
측의 러프 플레이Rough Play, 심판 매수설, 일부
서포터들의 거친 행동, 이 세 가지가 일본 축구팬들을
자극했습니다.

러프 플레이야 솔직히 그 정도는 할 수 있는 게
국제시합이지만, 한편으론 한국 축구협회의 심판
매수설이 실제로 있었던 일 아니냐는 생각을 하게 된
거죠. 이게 만약 사실이면 축구팬으로서 분노하는 건
어찌 보면 당연하니까요. 여기서 포인트는 일본의
미디어가 이 문제를 언급하지 않았다는 점입니다.
그렇게 미디어가 공동개최의 우호모드 속에서
'한국을 응원하자'는 말만 전하는데, 이에 반해서
인터넷에서는 '거짓말쟁이' 논의가 끓어올랐다는
겁니다. 한 · 일 월드컵으로 다들 들떠 있지만 진실은
인터넷에 있다('넷 de 진실')는, 말하자면 '한국 비판의
터부Taboo'가 깨져 버린 결정적 순간이지요.

95   민감한 사안이라 혹시 오해하시는 독자가 계실지 몰라 부연하면, 이 질문에 대한
      답변에서 세이 요시아키는 어떤 내용을 '주장'하는 것이 아니라, 2002년 당시 주로
      '안티 한국' 성향을 보인 사람들 사이에 이런 정서가 존재했다고 '소개'하는 것이다.
      참고로 세이 요시아키는 카운터와의 밀접한 관계, 거침없이 드러내는 정치적
      신념(반아베·반차별·극우파에 대한 거침없는 비판) 등으로 인해 이 책에 등장하는
      다른 인터뷰이와 마찬가지로 온오프라인에서 극우파로부터 끊임없는 공격과
      위협을 받고 있다. 또한, 보다시피 이 인터뷰의 발언에서 그는 '축구'의 이면에 자리 잡은
      '혐한류'의 근본적 원인, 즉 역사수정주의의 확산을 설명하고 그 위험성을 강조하는 데
      주안점을 두고 있다. – 옮긴이

그와 동시에 일부 한국의 서포터들의 행동, 예를
들어 일본이 시합에서 지면 환호하거나 대전 상대를
응원하던 행위 같은 것들이 그 부분만 따로 편집되어
인터넷으로 일본에 전해지기도 했습니다. 이것이
다시 혐한 감정을 비약적으로 증폭시켰고요.
사실 라이벌 국가가 졌을 때 기뻐하거나 하는
일은 국제적으로 별로 드물지 않은 이야기거든요.
이를테면 독일과 네덜란드의 서포터들은 서로를
눈엣가시로 여깁니다. 스코틀랜드인들은
마치 약속이라도 한 것처럼 잉글랜드의 상대
팀을 응원하고요. 하지만 처음 축구경기를 본
사람들이라면 놀라겠지요. 이런 느낌들이 복잡하게
뒤섞이면서 '반한', '혐한'으로 이어진 거라고 할 수도
있겠습니다.

—

정말 단지 그것이 기원일까요?

—

물론 역사수정주의라는 것이 1990년대부터 발호하기
시작했지요. 하지만 일본의 아카데믹한 매체나
영향력을 가진 공적 매체들은 그것에 거리를 두고
있었습니다. 이러한 주장이 확대된 것은 이른바
서브컬처로 간주되는 만화의 세계였어요.
이 역사수정주의가 언더그라운드의 차별 사상을 가진

사람들과 합류한 공간이 당시만 해도 미디어로서의
영향력이 회의적으로 평가되던 인터넷입니다. 이른바
'넷우익'의 탄생이지요. 그리고 이것이 2002년에
폭발적으로 확대되었고요.

축구 이외에도 2002년이라는 해와 관련해서 한
가지 더 주목할 것이 있습니다. 인터넷이 ADSL
회선으로 바뀌면서 인터넷 상시접속이 폭발적으로
확대된 해였다는 사실입니다. 당시 ADSL 모뎀을
무료로 역 앞 등에서 나눠 주던 소프트뱅크[SoftBank]사의
'파라솔 부대'를 기억하고 계실 겁니다. 휴대전화가
'i mode'로 인터넷 브라우저 접속을 시작한 것도 이
전후의 일입니다.

차별은 예전부터 존재했어요. 다만 이것을
거리낌없이 말할 수 있게 된 계기가 한·일 월드컵을
통한 반한 감정 폭발이라는 이야기입니다. 처음으로
인터넷을, 사무실이 아닌 가정이나 출퇴근길
휴대전화를 통해서 볼 수 있게 된 거지요. 마침
거기에는 어떤 미디어에도 나오지 않는 한국과
재일코리안에 대한 비난이 '성실하게' 적혀 있었고요.
이것이 얼마 후 국민여론을 좌우할 정도의 다수파를
형성한 겁니다.

—

축구에서 혐한류로… 좀 비약 아닌가요?

—

역사수정주의 주장은 예전처럼 아카데믹한 미디어나 공적 매체가 아니라 서브컬처의 무대로 확산되었습니다. 만화나 인터넷이 정치나 사상의 장으로 자리 잡은 것이지요. 인터넷이 일본에서 본격적으로 시작된 것은 1995년부터입니다. 역사, 정치, 사상적 논의가 거듭되면서 막대한 정보량이 축적되었지요. 이 인터넷에 일반 유저가 간단하게 접속할 수 있게 된 1995년 무렵을 기점으로 해서 다시 정보축적이 시작된 겁니다. 도서관에 가면 남경대학살에 관한 많은 증언들이 있습니다. 관동대지진 당시 벌어진 학살이라는 비극에 대해서도 얼마든지 조사해 볼 수 있고요. 하지만 인터넷은 다르죠. 스타트 지점이 모두 1995년 이후거든요. 게다가 초기 인터넷 유저들은 만화 세대에 가까워서 새로운 미디어를 통해 당시까지 존재하지 않았던 사상을 쉽게 받아들일 수 있었습니다. 넷우익이 기존의 '우익'과 다른 사상을 가지고 있는 것은 바로 그런 '단절'과 더불어 사이버 공간에서의 성장이 이루어졌기 때문입니다. 1995년은 고바야시 요시노리가 《전쟁론》 등의 책을 히트시켰을 무렵이기도 한데, 인터넷을 중심으로 활동하던 이들의 입장에서도 도서관의 낡은 역사서보다 고바야시 요시노리의 만화가 더 친화력 있게

다가왔을 겁니다. 그런데 그런 그들이 인터넷 여론의
헤게모니를 쥐고 있으니 당연히 축적되는 정보도 한
방향으로 치우치게 된 거지요.
사상의 질과 파급력 같은 것과는 별개의
이야기입니다. 이 부분을 오인하면 파악하기 어려운
흐름일지도 몰라요.

—

앞의 이야기로 돌아가 보면, '재패니즈 온리'에 대해서는 축
구계가 굉장히 신속하게 대응했지요?

—

축구협회의 조직구조는 피라미드처럼 되어 있습니다.
일본축구협회(JFA)는 국제축구연맹(FIFA)의
하부조직이지요. 경기 규칙에서 운영방법 등에
이르기까지 여러 가지 지침이 FIFA에서 내려옵니다.
언제나 인종, 민족, 국가에 대한 문제에 직면해
있는 FIFA는 관련 사안에 대한 선진적인 대응이
일상화되어 있어요. 유럽의 축구 스타디움에서는
흑인 선수에게 보이기 위해 바나나를 들고 흔들거나
차별적인 야유를 날리는 차별 행위가 오랫동안
문제가 되어 왔습니다. 이에 FIFA는 차별 행위에
대한 엄벌과 조직 차원의 사전 대응을 위해
가이드라인을 마련했습니다. 그리고 2014년 초
일본 J리그가 이를 받아들여 규약에 포함시켰고요.

차별 행위에는 '제로 톨러런스Zero Tolerance(무관용)'로
대응한다는 방침이 그것입니다. 물론 J리그의
결단력도 작용은 했겠지만, 생각해 보면 유럽의
인종의식이 그대로 일본사회의 인종주의자들에게
반영된 드문 사례입니다. 사업 책임자가 그의 사업
영역에서 차별을 배제할 의무가 있다는 단호한
사고지요. 일본사회에서 유럽의 인종의식이
이렇게까지 반영된 벌칙과 대응책, 그리고 이를
뒷받침하는 철학과 노하우까지 갖추고 있는 분야는
아마 축구뿐일지도 모릅니다. 축구는 내셔널리즘이
드러나기 쉽다는 위험성도 있지만, 동시에 이처럼
배외적인 측면과 싸우고 있는 것입니다.

—

이런 노하우를 활용할 수는 없을까요?

—

'재패니즈 온리' 횡단막 사건 이후, 이번에는
요코하마 스타디움에 바나나를 반입해 흑인 선수에게
들어 보이는 사건이 일어났습니다. 요코하마 F.
마리노스Yokohama F. Marinos의 서포터들은 여기 위기의식을
느끼고 내부적으로 긴급 설문조사를 실시했는데,
그 결과 왜 흑인에게 바나나를 내보이면 안 되는지
이해하고 있는 사람은 전체 응답자의 3할에
불과했다는 것이 드러났지요. 이쯤 되면, 바나나

문제가 차별에 해당한다는 것을 이해하지 못하는 현상現狀은 교육의 문제라고 생각할 수밖에 없습니다. 그래서 최근 J리그 소속 팀들은 각 지역에서 축구를 매개로 한 반차별 계몽 활동을 벌이기 시작했습니다. 축구의 힘으로 사회에 메시지를 전하는 것입니다. 축구선수가 등장하는 차별문제 팸플릿을 들고, 선수와 서포터들이 각 학교를 찾아가 나눠 주기도 하면서 말이지요. 이를테면 나카무라 슌스케中村俊輔가 '차별은 안 된다'고 발언한다면, 젊은이들에게 효과적이지 않겠습니까.

'SHOW RACISM RED CARD(인종주의에 레드카드를)'는 영국 NGO의 이름이기도 합니다. 축구선수를 DVD 등의 교재에 출연시키기도 하고 지역, 학교, 기업에서 인권 계몽 활동도 하고 있지요. 영국 같은 나라에서는 축구선수가 하나의 사회적인 역할 모델로서 기능하기 때문에 효과적입니다. J리그도 유럽을 본받아 이런 대응을 해 나가야 할 겁니다. 덧붙여서 요코하마 F. 마리노스는 '바나나 사건' 이후 서포터를 대상으로 하는 인권 강습회를 매 시합 때마다 개최하고 있습니다.

이렇듯 축구는 문제를 유발한다는 인상이 있는 반면, 끊임없이 그에 대항할 수단을 강구하고 있습니다. 그런 의미에서 차별 문제와 관련해 매우 적절하고도 의미심장한 시사점을 던져 주는 대응의 장으로 자리 잡을 가능성이 있지요. 일본에서도 사회적 역할 모델로 기능할 수 있을지 모르고요. 이러한 내용들과 관련해 앞으로 축구계의 노력을 주목해 볼 필요가 있다 하겠습니다.

최후의 해법은 시민의 힘

6장

'양심의 고리,에 미래를 걸며

1 사람들의 양심에 의존하기

베트남 전쟁을 다룬 영화 〈플래툰〉[96]에 이런 장면이 나온다.

베트남의 마을에 주둔한 병사들이
베트콩의 소재를 대라며 마을 사람들에게 폭력을
휘두른다. 급기야 반스Bob Barnes[97] 하사가 권총을
꺼내 들고 촌장의 어린 딸을 죽이려 하고,
주인공 테일러Chris Taylor[98]는 경악하지만 겁에 질려
그를 말리지는 못한다. 소대장 울프Wolfe[99] 중위도
못 본 척만 하고 있을 뿐이다.
"반스! 무슨 X같은 짓을 하고 있는 거야?"
뒤늦게 도착한 엘리어스Elias Grodin[100] 병장이 화를 내며
반스의 불법 행위를 저지한다.
"저리 가, 엘리어스. 네가 상관할 바 아니야."
이윽고 두 사람 사이에 격투가 벌어지자,
반스와 엘리어스 사이에 끼어든 소대장에게
엘리어스가 묻는다.
"도대체 뭘 하고 계셨던 겁니까?"
그러자 소대장이 대답한다.
"나는 네가 무슨 소리를 하는지 모르겠는데?"
이 일을 지켜보던 테일러는 양심의 각성을

---

96   올리버 스톤 감독, 1986년.
97   톰 베린저Tom Berenger 분.
98   찰리 쉰Charlie Sheen 분.
99   마크 모세스Mark Moses 분.
100   윌렘 대포Willem Dafoe 분.

경험하고 후에 베트남 여성을 성폭행하려던
동료를 저지하게 된다.
"그 여자도 인간이라고, 이 자식아!"

이 이야기에서 반스는 '재특회', 엘리어스는 '시바키 부대', 울프 소대장은 '일본정부'다. 일본정부가 보고도 못 본 척을 하는 사이, 재특회의 패악이 극에 달한다. 결국 시바키 부대가 덤벼들어 재특회를 온몸으로 저지한다. 2013년 2월 9일 시바키 부대의 행동은 엘리어스가 반스로부터 '권총'을 빼앗은 것과 같다. 이 광경을 본 시민들은 자신들의 양심을 각성시키고 '시바키 부대'와 함께 재특회에 맞섰다. 주인공 테일러는 바로 '시민들'인 것이다.

운동이란 결국 사람들의 '양심'에 근거하지 않으면 성공할 수 없다.

사람들의 양심에 호소해서, 그것을 각성시키고, 그렇게 각성된 사람들의 양심이 또다시 다른 이들의 양심을 각성시키게 되는 운동. 양심과 양심이 이어지고, 그것이 거대한 고리가 되어 증오와 편견, 악의와 차별을 통째로 포위, 압도하는 운동. 그렇게 전개되지 않는다면 운동은 결코 성공하지 못하는 것이다.

2013년 신오쿠보에서 전개되었던 운동이야말로 바로 그런 것이었으리라. 그 후 전국에서 전개된 운동도, 시바키 부대의 활약을 보며 양심의 각성을 경험한 전국의 '테일러'들에 의한 운동에 다름 아니었다. 또한 이것은 일본의 역사 속에서는 지극히 드문, '민중의 정의'가 배외주의라는 '악'을 상대로 압승을 거둔 드라마이기도 했다.

나는 법률가이지만 법률의 효과보다 시민·민중의 운동에 더 큰 기대를 걸고 있다. 이 책이 출판될 무렵에는 법적 규제와 관련한 운동·논의 역시 한층 진전되어 있을 테지만 결국에는 '사람들의 양심'에 의거해서, 시민·민중에 의거하는 운동이 되지 않으면 결코 성공을 거둘 수 없을 것이다.

2 　만델라에게 배운다

20세기 인종차별 철폐 운동의 위대한 지도자로 마틴 루터 킹과 더불어 남아프리카의 아파르트헤이트Apartheid[101]에 맞서 싸운 넬슨 만델라Nelson Mandela를 꼽을 수 있다. 그가 전 생애에 걸쳐 싸운 아파르트헤이트와, 현재 우리가 당면한 일본의 배외주의 운동은 그 규모에 있어서나 그 강대함에 있어서나 공통점을 발견하기 힘들다. 그렇다 하더라도 만델라는 운동가로서도, 한 사람의 인간으로서도 배워야 할 점이 너무나 많다.

　　만델라에 관한 이야기에서 많이 언급되는 것이 로벤Robben 섬에 수감되었던 27년간, 그가 보여준 '불굴'의 태도다. 하지만 그의 자서전《자유를 향한 머나먼 길》을 읽으며 내가 탄성을 지른 것은 오히려 석방된 이후 교섭에 임하던 그의 태도 때문이었다. 데 클레르크Frederik Willem de Klerk 정권은 조금씩 개혁을 실행해 시간을 벌며 만델라가 이끄는 ANCAfrican National Congress의 실속失速을 기다렸다. 하지만 만델라는 '1인 1표제'를 주장하면서 한발도 물러서지 않았고 결국 대중운동을 이용해 데 클레르크를 압도, '1인 1표제'를 쟁취한다. 물론 그 과정에서 만델라는 데 클레르크에게 몇 번이나 배반당했고 따라서 교섭도 셀 수 없이 암초에 부딪혔지만, 만델라는 한번도 민중을 배신하지 않고 불필요한 타협 또한 하지 않았다.

　　만델라는 나와 같은 '변호사'이지만, 변호사라는 소위

'엘리트층'이 가지고 있기 쉬운 약점이 없다. 엘리트는 '거래'를 제안해 오면, 계산을 하고 상대의 양보를 이끌어 내는 동시에 스스로도 양보를 거듭하다 끝내는 자신의 출발점마저 잊어버리게 되는 경우가 적지 않다. 만델라의 강함은 그의 마음이 늘 엘리트층이 아니라 민중과 더불어 있었다는 데서 비롯되는 것 아닐까. 나는 여기서 '살아야 한다면 민중과 함께, 죽어야 한다면 민중을 위해'라는 말을 남긴 후세 다쓰지布施辰治 변호사를 떠올린다.

대일본제국헌법하에서 변호사가 된 후세 다쓰지는 독립운동을 하던 한국인 청년들의 변호를 맡아 그들의 무죄를 주장했고, 전후 한국으로부터 건국훈장을 받았다. 우리는 만델라에게 배우며 후세 다쓰지의 전통 또한 계승해야 할 것이다.

만델라는 그의 자서전에서 다음과 같이 기술하고 있다. "피부 색이나 가정환경·종교 등의 이유로 다른 사람을 증오하도록 태어난 사람은 아무도 없다."[102]

이는 인종차별로 인해 27년간 자유를 빼앗긴 인물의 말이기에 더더욱 무게감을 갖는다. 아울러 우리가 인종차별주의에 맞설 때 지침으로 삼아야 할 말이기도 하다. 우리는 만델라에게서 배우고 민중과 더불어 살아가는 가운데 결국 사람들의 양심이 문제 해결의 열쇠라는 것을 매순간 마음에 새겨야 한다.

만델라의 사상은, 예를 들어 〈굿바이 만델라(Goodbye

102   《자유를 향한 머나먼 길》, 일본방송출판협회, 446쪽.

Bafana)〉[103]나 〈우리가 꿈꾸는 기적: 인빅터스(Invictus)〉[104] 등의 영화를 통해서도 배울 수 있다. 최근작으로는 〈만델라: 자유를 향한 머나먼 여정(Mandela: Long Walk to Freedom)〉 [105]도 추천할 만하다.

103   빌 어거스트Bille August 감독, 2007년.
104   클린트 이스트우드Clint Eastwood 감독, 2009년.
105   저스틴 채드윅Justin Chadwick 감독, 2013년.

3 헤이트 스피치 문제에 대응하는 것의 의미

마지막으로, 나를 포함한 일본의 다수자들이 헤이트 스피치 문제에 대응하는 것의 의미에 대해 이야기해 보고자 한다. 우리 일본인들의 대부분은 2013년 시바키 부대가 일어설 때까지 넷우익의 도량발호^{跳梁跋扈106}나 헤이트 스피치에 대해서 전혀 알지 못하거나, 알고도 방치해 왔다. 결국 이러한 상황이 그들의 활동을 조장해 오늘의 사태를 초래했다고 볼 수밖에 없는 것이다. 그럼 왜 우리 일본인들은 넷우익의 헤이트 스피치를 '보고도 못 본 척' 해 왔던 것일까. 단적으로 말하면, 그것이 우리에게 직접적인 영향을 끼치지 않을 것이라고 생각했기 때문이다. 목사이자 평화운동가로 나치스에 저항했던 마르틴 니묄러^{Friedrich Gustav Emil Martin Niemöller}는 다음과 같은 유명한 경구를 남겼다.

> 나치가 공산주의자들을 덮쳤을 때, 나는 조금
> 불안해졌다. 허나, 결국 나는 공산주의자가
> 아니었기에 아무것도 하지 않았다. 그리고 나치는
> 사회주의자들을 공격했다. 나의 불안은 조금
> 커졌지만, 그렇다고 해도 나는 사회주의자가
> 아니었다. 그래서 역시 아무것도 하지 않았다.

106   권세나 세력을 제멋대로 부리며 함부로 날뛰는 행동이 만연함. - 옮긴이

이후 학교, 신문, 유태인들이 차례로 공격을 받았고, 그때마다 나의 불안은 커졌지만 계속해서 아무 일도 하지 않았다. 그리고 결국 나치는 교회를 공격했다. 나는 교회의 사람이었다. 그때가 되어서야 나는 뭔가 해 보려 했지만, 이미 늦어 있었다.[107]

여기서 '공산주의자들' 또는 '유태인들'을 '재일코리안'으로, '나치스'를 '넷우익'으로 바꿔 보면, 지금 우리가 서 있는 지점이 명확해진다. 현재(2014년 10월 시점), 위안부 문제와 관련한 〈아사히신문〉 비난에 목청을 높이고 있는 우익 저널리즘은 그 〈아사히신문〉의 한 전직 기자를 집중적으로 공격하고 있으며, 넷우익은 심지어 그의 근무처에 협박장까지 보냈다. 일본사회가 점점 침묵을 강요하는 사회가 되어 가는 것이다.

이러한 현실에 저항하는 우리는 결코 '피해자인 재일코리안을 지키기 위해서'만 일어선 것이 아니며 단지 '인종차별'에만 맞서 싸우려는 것도 아니다. 우리 사회의 민주주의, 그 자체를 지키기 위해 이를 파괴하려 하는 모든 것들과 투쟁하려는 것이다. 여기서 지켜야 할 '우리 사회'가 일본인과 재일코리안, 그리고 모든 인종, 민족, 국적, 성적지향을 가진 사람들이 손을 맞잡고 '더불어 사는' 사회라는 점은 굳이 말할 필요도 없다.

107   마루야마 마사오丸山真男, 《현대정치의 사상과 행동》, 미라이샤未來社, 475~476쪽.

4   정리와 결론

지금까지 주장한 바를 정리해 보도록 한다.

이 책의 1장에서 나는 2013년 신오쿠보에서 있었던 인종주의자들과 카운터의 싸움을 묘사했다. 2장에서는 여기서 문제가 된 '헤이트 스피치'가 무엇인지 분석하는 동시에, 이것이 만연하게 된 원인을 정치가들의 발언과 정부의 차별 정책으로부터 찾았다.

3장에서는 이른바 '헤이트 스피치에 대한 법적 규제' 문제를 다루며 헤이트 스피치는 소수자들이 사회에서 '정체성을 지키며 살아갈 권리'를 침해하므로 법적 규제가 필요하고, 헌법 21조의 규정에 비추어 보더라도 법적 규제가 가능하다고 밝혔다. 다만, 그 효과에는 '한계'가 있기 때문에 단순한 규제보다 교육과 계몽이 중요하며, 무엇보다 헤이트 스피치를 유발하는 정치가들의 발언과 정부의 차별 정책을 시정하는 것이 중요하다고 지적한다.

4장에서는 아베 정권하에서의 '헤이트 스피치 규제' 논의에서 우려되는 바를 기술하는 한편, 상대가 어떤 정권이라 하더라도 관련한 문제의 시정을 요구해야 할 의무가 있다고 지적하면서, 대안을 제시하고 원칙에 입각해 대응할 것, 정부에 차별 정책 전환을 요구할 것 등을 제안했다.

5장에서는 법적 규제가 존재한다 하더라도 여전히 시

민들의 운동이 중요하다고 주장하는 한편, 다양한 분야의 시민들에게 '반인종주의' 동참을 호소하자, 문제의식을 가진 시민들이 최대한 연대하자, 시민들이 횡적으로 이어진 폭넓은 '인간사슬'을 만들어 차별주의를 포위하자, 이것이야말로 인종주의와 싸우기 위한 가장 유효한 수단이라고 강조했다. 이것이 이 책의 결론이다.

맺음말

"헤이트 스피치에 관한 책을 써 주시지 않겠습니까?"

신일본출판사의 모리 사치코森幸子 씨로부터 편지를 받은 것은 2014년 6월의 일이었다. 실은 거절할 생각이었다. 나는 연구자가 아닌 일개 실무자에 불과하며 이 분야에는 이미 모로오카 야스코 변호사의 《헤이트 스피치란 무엇인가》[108] 등의 양서가 나와 있었기 때문이다. 그렇게 모리 씨와의 논의를 이어 가던 어느 날, 그녀가 보여 준 한 장의 신문기사에 시선이 멈추었다. 이 책의 본문에서 소개한 '헤이트 스피치와 배외주의에 가담하지 않는 출판 관계자 모임'에 관한 것이었다. 모리 씨는 그 모임의 멤버였다. 나는 그 기사로 인해 처음으로 서점을 가득 채운 '헤이트 서적'의 산을 우려하는 진정한 출판 관계자들의 존재를 알았고 또한 공감하게 되었다. 그들의 운동을 지원할 방법이 없을까. 내가 할 수 있는 것은 그들의 요망에 응하는 일, 즉, '헤이트 서적' 붐에 저항하는 책을 쓰는 일이 아닐까. 그래서 나는 결국 그 의뢰를 받아들이기로 했다.

나와 모리 씨는 헤이트 스피치에 반대하는, 카운터 운동을 뒷받침해 줄 수 있는 책을 만들어야 한다는 데 의견이 일치했다. 그리고 그런 맥락에서 2013년 신오쿠보에서 시작된 카운터 운동에 참가한 사람들의 생각을 내 나름대로 전하

108   한국어판 《증오하는 입》(조승미 이혜진 옮김, 오월의봄, 2015.7). – 편집자

고자 했다. 그 결과물이 바로 이 책이다.

한창 책을 쓰는 중이던 8월 인종차별철폐위원회에서 모로오카 야스코 변호사 등이 참여하는 그룹이 활발한 로비 활동을 전개했다. 나는 이 운동을 후원하고 싶다는 의도에서 내 나름의 규제합헌론規制合憲論을 전개해 보았다. 일본의 리버럴리스트는 표현의 규제에 대한 저항감이 강하다. 나는 이들에게도 이해를 구하고 싶다는 생각에서 앞으로의 운동이 지향해야 할 통일적 방침을 모색했다. 이 책은 '헤이트 스피치를 법적으로 규제해야 한다'는 입장을 취하는 한편으로, 카운터 운동을 중요시한다는 점에서는 '대항언론対抗言論'을 중시하는 규제 반대파와도 연대가 가능하다는 견해를 또한 제시하고 있다. 중요한 것은 인종차별에 반대하는 모든 사람이 굳게 손을 잡고 '진정한 의미의 적들'을 포위하는 일이다.

동일본대지진이 발생한 지 얼마 안 된 시점이던 2011년 4월, 나는 피해지역인 이시노마키石巻 시에서 진행된 진흙 제거 자원봉사에 참가했다. 그곳에서 나는 '뭔가 해야 한다'는 생각으로 전국에서 아무 조건 없이 달려온 많은 시민들의 모습을 보았다. 2013년 3월 신오쿠보에서 재특회를 포위한 카운터 시민들의 모습은 이시노마키에서 만난 바로 그 자원봉사 시민들의 모습과도 겹쳐졌다. 일본의 시민사회는 신뢰할 만하다. 그러니 부디 이 책을 읽어주시는 분들께서 이 점에 대한 확신을 가지고 운동의 고리를 넓혀 가는 데 동참해주시기를 간절히 바란다.

　　이 책을 발행함에 있어 우선 상세한 인터뷰에 응해주신 노마 야스미치 씨, 기노 토시키 씨, 야마시타 아유무 씨, 세이 요시아키 씨께 감사드리고 싶다. 특히 노마 씨는 많은 것들을 가르쳐 주셨다. 다음으로 이 책을 기획하고 인터뷰를 정리해 나의 서툰 문장을 상세하게 교정해 주신 신일본출판사의 모리 사치코 씨께 감사의 말씀을 드리고 싶다. 그녀가 없었다면 이 책은 세상에 나오지 못했을 것이다.

　　아울러 2013년 그날, 함께 헤이트 스피치 시위에 맞서 싸워 준 동지 여러분, 이토伊藤 씨, 구보久保 씨, 야마타쿠ヤマタク 씨, 고바야시小林 씨, 미야나베宮鍋 씨, 구사카베日下部 씨, 킨노金の 씨, bc씨, 마쓰자와松沢 씨, 무라카미村上 씨, 기노시타木下 씨, 코우高 씨, 후지모토藤本 씨, (젊은)다카하시高橋 씨, ECD 씨, 이데井手 씨, 토다戸田 씨, 히라노平野 씨, 오스카オスカー 씨, 장張 씨, 사토 츠요시佐藤剛 씨, 사가와佐川 씨, 오이시大石 씨, 요시하시吉橋 씨, 노이호이のいほい 씨, 구보타久保田 씨, 소테ソテ 씨, 후타미二見 씨, 이시구로石黒 씨, 치카히로近廣 씨, 다카하시 타다시高橋直 씨, 기모토木本 씨, 데즈카手塚 씨, 이시노石野 씨, 야마구치山口 씨, 마쓰모토松本 씨, 하라다原田 씨, 니시무라西村 씨, 타탕가タタンガ 씨, 그 외 헤이트 시위에 저항하는 카운터를 위해 떨쳐 일어나 주셨던 모든 분께 감사의 말씀을 전한다. 여러분의 용기와 양심이 없었다면 재특회 시위는 저지될 수 없었고, 이 책도 태어날 수 없었을 것이다.

　　마지막으로 나의 살아가는 에너지의 원천인 사랑하는

아내와 딸에게 이 자리를 빌려 감사의 말을 전하고 싶다. 딸은 카운터가 재특회를 쳐부순 직후인 2013년 4월 세상에 나왔다. 그 아이가 20세가 될 무렵에는 증오와 편견, 악의와 차별이 시민의 힘에 의해 사회로부터 추방되고 우리 사회가 관용 속에 서로 돕는 정신으로 가득 차 있기를 바라고 또한 믿으며 붓을 놓는다.

2014년 11월 8일 자택에서

간바라 하지메

옮긴이의 말

1. 제19대 국회에서 비례대표로 활동하던 필리핀계 이자스민 의원이 이주아동권리보장기본법과 이민사회기본법 등 이민과 관련한 두 개의 법안을 대표 발의했다.

그 가운데 특히 이주아동권리보장기본법은 현행법상 출생 등록도 국적 취득도 불가능한 미등록 이주아동 약 2만 명이 인권 사각지대에 방치되어 있는 현실을 개선하려는 취지에서 비롯된 것이었다. 이주자의 자녀라 해도 한국에서 태어났다면 부모의 체류 자격과 관계없이 출생 등록을 할 수 있고, 만 18세가 될 때까지 교육·의료 등의 권리를 보장받을 수 있도록 하는 '인도주의적' 내용이다.

이른바 '보수'를 자처하는 이들은 이 법안을 '이자스민 법안'이라 부르며 반발했다. 몇몇 시민단체는 중앙 일간지에 전면광고를 게재해 이 법안이 '대한민국의 자살'과 '민족의 소멸'을 초래할 것이라 떠들었다. 국회 입법 예고 페이지가 반대 의견으로 도배된 것은 말할 필요도 없다. '아들이 편의점에서 아르바이트하던 도중 담배를 훔쳤다'는 '의혹'을 '사실'인양 보도하는 등 그녀의 일상에 대한 언론의 '자상한 관심'은 '덤'이었다.

당시 우리는 '기적'을 목도했다. 어느새 그 '공격'에 자칭 '개혁·진보 성향'이라는 이들까지 가세한 것이다. '우리의 세금을 불법체류자의 아이들에게 쓸 수 없다'는 굳은 의지. 이 나라 국민들이 정치적 입장을 초월해 '손에 손잡고 벽을 넘어서'는 좀처럼 보기 힘든 광경이었다. 그녀의 '당적'이정 못마땅했다면 그녀를 탓하기보다 그녀가 고작 '선거에서의 의제 선점에 이용당할 수밖에 없었던' 우리의 현실부터 돌아봐야 했지만 그런 것은 중요치 않았다.

더욱 경악스러운 것은 이 모든 일이 3·1절 혹은 광복절마다 온갖 대중매체가 앞 다투어 일본의 외국인 차별 사례를 보도하는, 그리고 일본 넷우익의 가장 큰 피해자인 재일한국인들의 '모국'인 나라에서 일어났다는 사실이다. 상황은 사이버 공간에서도 다르지 않았다. '자스민 XX'라고 부르는 경우는 이름이나마 기억해 주니 다행일까. 절대 다수는 엄연한 대한민국 국민이기에 선출직 공무원이 될 수 있었던 그녀를 임기 내내 '필리핀 X'이라 부르며 '너희 나라로 꺼져라'는 폭언을 일삼았다.

그리고 2016년 4월, 우리는 국회에서 다른 인종적 배경에 '한국보다 못 사는 나라' 출신, 그리고 여성이라는 트리플 마이너Triple Minor의 목소리를 대변할 어떤 '후임자'도 볼 수 없었다.

2. 시리아 내전의 혼란 속에 기하급수적으로 세력을 넓히던 ISIS^the Islamic State of Iraq and Syria가 생존을 위해 서쪽으로 향하는 난민들의 퇴로를 차단하려 세계 각지의 네트워크를 활용, 무차별 테러를 저지르고 있다. 지난해 11월 파리, 올해 3월 브뤼셀, 그리고 6월 이스탄불.

끔찍한 소식을 전하는 기사마다 어김없이 '외노자(외국인 노동자) 추방'을 주장하며 '개슬람' 같은 욕설이 포함된 '베스트 댓글'이 등장했다. '우리나라에서 받고 있는 이슬람 난민이 장차 위협으로 성장'하리라는 피해망상이다(한국 정부는 아직 시리아 난민 수용과 관련한 어떤 공식입장도 내놓은 바 없다). '반反이슬람'을 공약으로 내건 정당 지지율이 3퍼센트에 육박하고 '무슬림과 동성애자는 죽여도 된다'고 떠드는 자칭 '목회자'가 백주에 거리를 활보한다.

필자가 지나치게 예민한 반응을 보이는 것일까.

2010년부터 2014년에 세계의 사회과학자들이 진행한 제6차 세계가치관조사(WVS^World Values Survey)의 '다른 인종에 대한 수용성' 항목에서 한국이 차지한 순위는 59개국 중 51위다. 〈워싱턴포스트^The Washington Post〉가 세계 81개국 인종차별 실태 연구에 대한 보도에서 한국을 소득 수준과 교육 수준이 높은 국가 중 예외적으로 관용도가 낮은 특이한 경우라고 지적한 것이 이미 2013년의 일이다.

강력범죄 사건이 보도될 때마다 수사 결과와 관계없이 '조선족', '불체자', '외노자'가 '치안 악화의 주범'이라는 소리가 나오는 것도 익숙한 풍경이다.

5월 초 안산 변사 사건 발생 당시, 제보에 보상금까지 내건 경찰의 수사가 진행되는 동안 실시간으로 올라오는 포털 뉴스 기사마다 저 '트로이카'에 포함되는 누군가의 짓일 거라는 댓글이 달렸다. 하지만 범인은 외국인은커녕 해외 체재 경험조차 없는 20대의 '순혈' 한국인 남성이었다.

베트남인 선원 두 명이 저지른 광현호 선상 살인 사건이 보도되자 일부 네티즌의 광기는 극으로 치달았다. '베트남·필리핀 사람 조심하세요, 진짜 잔인합니다' 운운하다 급기야 '군대를 파견해 다 쓸어버리고 한국인을 보호'하라며 목소리를 높였다. 이쯤 되면 '다수의 삼국인, 외국인'의 '대단히 흉악한 범죄' 운운하다 '유사시에 자위대가 출동하셔서 재난 구조뿐만 아니라 치안 유지 기능 또한 수행해 주시기를 기대'한다던 이시하라 신타로 도쿄 도지사에게도 뒤지지 않는다.

《노 헤이트 스피치》에서 자주 인용된 카운터의 구호 "친하게 지내요"를 떠올린다. 우리는 도대체 어떤 아시아의 이웃들과 친하게 지내고 있는가?

독자들에게 양해를 구하며 한국사회에 일상화되어 있는 헤이트 스피치 몇 가지를 그대로 인용해 보겠다. 일본인에게 '쪽발이' 운운하는 건 역사문제 때문인가. 그렇지만 중국인은 '더러운 짱깨'라서, 타이완인은 '섬짱깨'라서 싫다고 한다. 동남아시아인은 냄새 나는 '똥남아'이니 상종도 하기 싫고, 아랍인은 '개슬람 테러리스트'니까 '씨를 말려야' 하며, 아프리카인은 어디에 살던 무조건 '깜둥이'란다. 미국과 서유럽 몇 개국 사람들을 빼면 명예 백인(Honorary Whites)을 꿈꾸는 이 '고상하고 우아한' 기준을 충족시킬 이들은 지구상 어디에도 존재하지 않는다.

그리고 강남역 사건이 일어났다.

헤이트 스피치의 쌍생아인 '헤이트 크라임'이 급기야 우리 앞에 그 가공할 모습을 드러낸 것이다.

3. 《노 헤이트 스피치》가 헤이트 스피치·헤이트 크라임이라는 '괴물'을 물리치기 위한 해법으로 제시하는 것은 '개인적 차원'이 아닌 '사회적 차원'의 대응이다. 저자인 간바라 하지메는 문제의 배경에 정치가들의 발언과 차별 정책이 있음을 중요하게 지적한다.

우리에게도 그리 낯설지 않은 이야기다.

한국사회는 이미 자라나는 아이들에게 '우리는 민족 중흥의 역사적 사명을 띠고 이 땅에 태어났다'는 '전체주의 선언'을 암기시키며 '내셔널리즘'이라지만 실상은 인종주의(Racialism)요, 부족주의(Tribalism)에 불과한 통치 이데올로기를 주입, 내부결속을 꾀하던 전체주의 시대(군부독재)를 거쳤다. 오늘날에도 '테러에 대한 우려'로 포장된 제노포비아 Xenophobia는 여전히 맹위를 떨치고 있다. 정치가들은 '연탄'색 피부의 이주민들을 값싼 노동력이자 인구 유지를 위한 도구쯤으로 여기다가 국면 전환이 필요할 때는 사회를 어지럽히는 '테러리스트', 혹은 '범죄자'의 이미지를 덧씌운다. 본질적으로 혈통주의(Jus Sanguinis)에 근거해 있는 사회제도, 이주민 정책은 '귀화(Naturalization)'가 귀결점인 '동화 정책(Policy of Assimilation)'에 불과할 뿐 '자기의 민족적 정체성을 지켜갈 권리' 따위는 고려하지 않는다. 오늘을 살아가는 우리에게, 일단 '액션 변호사의 사법 활극'이라 하기에 조금의 부족함이 없는 도입부로 독자를 몰입시킨 뒤 매력적인 화법으로 '인류적 차원'의 심도 있는 고찰을 제시하는 이 책이 많은 시사점을 던져주는 것은 바로 이 때문이다.

저자가 강조하는 다른 한 가지는 악순환의 고리를 끊어낼 수 있는 시민의 힘이다. 헤이트 스피치·헤이트 크라임에 대한 문제의식을 가진 다양한 분야의 시민들이 횡적으로 연대, 사회의 모든 혐오를 포위하는 것이야말로 오늘날 우리가 직면한 이 끔찍한 위협을 넘어서는 데 가장 유효한 방법이라는 것이다.

사실 거의 모든 오프라인의 인종주의 데모의 현장에 '변호사'라고 쓰인 완장을 차고 달려가 '카운터'에게 가해지는 폭력을 온몸으로 막아내고, 온라인에서도 혐오발언을 유포하는 넷우익과 밤낮없이 사투를 벌이던 그가 저서 출간을 준비하고 있다는 소식을 들었을 때, 넷우익의 '아마존 평점 테러'를 예상하기란 별로 어렵지 않은 일이었다. 그리고 2014년 연말, 넷우익은 필자의 이러한 기대를 한 치도 저버리지 않고 《노 헤이트 스피치》를 '혐한', '혐중' 붐이 일던 일본 출판계의 가장 논쟁적인 책 중 하나로 만들어 주었다.

《노 헤이트 스피치》를 번역·출판하는 과정에서 나는 한일 양국의 많은 분들에게 신세를 졌다.

좋은 책을 써 주시고 바쁜 일과를 쪼개어 열정이 넘치는 책의 한국어판 서문까지 보내 주신 우리의 히어로, '액션 변호사' 간바라 하지메 씨, 언제나 가장 가까운 자리에서 형제의 무한한 사랑으로 필자를 격려해 주시는 다도코로 미노루田所稔 신일본출판사 대표이사 사장 겸 편집장, 평생의 은인이자 존재만으로 큰 힘이 되는 의형義兄 시미즈 다카시淸水剛 도쿄대학 대학원 종합문화연구과 교수, 그간 많은 작업을 함께 해 왔고 앞으로 더 많은 작업을 함께 해 나갈 나름북스의 김삼권 조정민 최인희 늘 자랑스러운 세 동지들, 소중한 친구이자 동업자이며 늘 헌신적 우정으로 나를 이끌어 주는 양헌재良獻齋 서재권 대표, 마지막으로 이 책의 실질적 주인인 한국과 일본 두 나라의 출판 노동자 여러분께 이 지면을 빌어 진심어린 감사의 마음을 전한다.

2016년 7월 15일
도쿄의 하늘을 메운 빨간 풍선을 기억하며
홍상현